THEATERBIBLIOTHEK

Inspiriert von dem realen Fall der so genannten »Münchner-U-Bahn-Schläger« handelt WEISSBROTMUSIK von drei Jugendlichen – Sedat, Aron und Nurit –, die sich in einer Welt wieder finden, deren Themen und Konflikte nicht die ihren sind, die sich überfordert fühlen. Die Situationen spitzen sich zwangsläufig zu. Das Scheitern der Jugendlichen ist vorprogrammiert. Paradigmatisch zeigt das Stück die Schwierigkeiten von Jugendlichen, die zwischen erster und zweiter Generation, Vaterland und Wohnort sich orientieren und zu einem eigenen Standpunkt in einem Wirrwarr von Kulturen und Religionen finden müssen.
2009 wurde Marianna Salzmann für WEISSBROTMUSIK mit dem österreichischen *exil-DramatikerInnenpreis* ausgezeichnet.

Im Mittelpunkt ihres zweiten Stückes, SATT, stehen zwei Schwestern, die mit ihrer Mutter als kleine Kinder nach Deutschland kamen. Aber der Traum der Mutter von Freiheit und Wohlstand ist nicht der ihrer Töchter. Während die 16-jährige Su meint, im Internet eine bessere Welt zu finden, in der sie ihre eigenen Träume verwirklichen kann, weiß Goscha eigentlich nur, dass sie in unserer saturierten Welt ihren Lebenshunger nicht stillen kann, dass da kein Raum für Alternativen oder auch nur Träume ist.

Marianna Salzmann

Weißbrotmusik
Satt

Bibliografische Informationen der Deutschen Nationalbibliothek
Die Deutsche Nationalbibliothek verzeichnet diese Publikation in der Deutschen Nationalbibliografie; detaillierte bibliografische Daten sind im Internet unter http://dnb.dnb.de abrufbar.

2. Auflage 2015

Verlag der Autoren GmbH & Co. KG
Taunusstraße 19, 60329 Frankfurt am Main
Telefon: 069 23 85 74-0, Fax: 069 24 27 76 44
E-Mail: theater@verlagderautoren.de
www.verlagderautoren.de

Satz: RG-Datenservice, Darmstadt
Umschlag: Bayerl + Ost, Frankfurt am Main
Druck: betz-druck GmbH, Darmstadt

Printed in Germany
ISBN 978-3-88661-340-3

Inhalt

Weißbrotmusik

PERSONEN

SEDAT
ARON
NURIT
DIE VIERTE PERSON (MAMA / GAST / RENTNER)

Carte d'identité

SEDAT Da kommt mir eine entgegen und ich kenn die ja, denk ich mir. Die wohnt hier seit ewig in dem Haus. Das ist so eine Große, Blonde, die hatte Haare bis zum Arsch und diese engen Hosen, die sie alle tragen, weißt du, so eine aus Zucker. Originalton: Aus Zucker! Und jedenfalls treffe ich sie und erkenn die fast nicht wieder, die geht an mir vorbei. Ich halte an und guck, die hat so ein Lappen aufm Kopf, so ein Tuch, also so voll über Haare und Stirn und so. Aber irgendwie siehts gut aus, weißt du? So mit Glitzern dran und blau und es steht ihr richtig. Weißt du, was ich meine? Ihr Gesicht, da sieht man mal endlich was. Ich hab da überhaupt nichts gegen. Also gegen Kopftücher, da sehen die geil drin aus, im ernst, ich finde Kopftücher richtig geil. Verstehst du? Ich bin für Tolerieren. Ja, bin ich. Da steh ich drauf. Verstehst du? – Da legt er los mit der unglaublichsten Story, da will er mir allen Ernstes was über Kopftücher erzählen. Und ich steh da so da. Und denke –

ARON – ?

SEDAT Ja, genau das denke ich. Und der – Toleranz. Ja. Toleranz. Und zu Toleranz gehört auch Ordnung. Ordnung muss sein. Das findest du doch auch richtig? Das finden alle richtig, dass kann niemand nicht richtig finden. Und wenn da halt einer befristet ist – na ja, was soll dann meinereiner machen, das verstehst du doch? Ey, es ist ja nicht persönlich. Und da ist auch gleich der Haken, ich muss das irgendwie überblicken können, wer was ist und für wie lange und da brauche ich einfach Papiere. Verstehst du. Jeder muss seine Papiere mitführen, weil einer wie ich dann ankommen kann und die müssen dann parat liegen. In Deutschland, weißt du, ist das eine Straftat. Wusstest du, dass es gegen das Gesetz ist?

ARON Ich?

SEDAT Ja, du.

ARON Ja, nee.

SEDAT Ja, ich eben auch nicht. Und das sage ich ihm halt und er – Die Gesetze des Landes, in dem du lebst, nicht zu kennen, ist nicht gut.

ARON –

SEDAT Tut mir leid. Ich muss dich mitnehmen.

ARON Wen? Mich?

SEDAT Nun wollen wir uns nicht so aufregen, Zehat.

ARON Zehat?

SEDAT Bleib mal ruhig. Locker. Alter, ja? Ich weiß schon, was geht.

ARON Soll ich jetzt was drauf sagen?

SEDAT Nee. Ich hab da nur noch geschwiegen und er – Pass auf: Du hast deinen Ausweis nicht dabei. Das ist hier in diesem wunderbaren Land eine Straftat. Weil: wie soll ich jetzt überprüfen ob du einer von den Guten oder einer von den Schlechten bist? Hier ist es so: Wer sich nicht ausweisen kann, ist verdächtig. Also nehme ich dich mit auf die Wache, da gucken wir, wo du her kommst und wie lange dein Aufenthalt hier dauert und dann kannst du zurück in deine Gegend. Kapische? Alles klar, Alter?

ARON Das hast du dir geben lassen?

SEDAT Was hättest du denn gebracht bei der Knüppelfresse?

ARON Ich bin hier geboren. Das: Ich. Bin. Hier. Geboren.

SEDAT Wie war das bitte?

ARON Ich bin hier geboren. Ich bin nicht – befristet.

SEDAT Aha. Verstehe. Und woher soll ich das wissen, wenn du deinen Ausweis nicht dabei hast?

ARON Weil ich es sage.

SEDAT Ich soll dir jetzt einfach glauben, ja?

ARON Ja.

SEDAT So.

ARON Ja.

SEDAT Schau mir mal in die Augen.

ARON Was?

SEDAT Nimm dein Cap ab und guck mal hier rein.

ARON Wieso?

SEDAT Guck mich an, ich beiße nicht.

ARON Ne oder?!

SEDAT Fresse halten. Machen, was ich sage, oder ich nehm dich mit.

Aron nimmt sein Cap ab und schaut Sedat in die Augen.

SEDAT Vertickst du?

ARON *lacht* Nein.

SEDAT Verarsch mich nicht. Vertickst du Gras?

ARON Nein. Sie haben mich doch durchsucht. Ich habe nichts.

SEDAT Pscht! Das habe ich nicht gefragt. Also. Gesetzt den Fall, du vertickst Gras, hätte ich einen Abnehmer für dich.

ARON Was?! WAS? Das hat der gebracht?! Was?!!

SEDAT Nichts Großes. Für den Eigenbedarf. N Fuchs die Woche.

ARON –

SEDAT Bist du dabei?

ARON Ich verticke nicht.

SEDAT Das ist kein Test. Ich brauch was für den Eigenbedarf. Jetzt guck doch nicht so, alles cool, wir Polizisten sind auch nur Menschen. Was ist?

ARON Ich weiß nicht, was Sie von mir wollen.

SEDAT Ich bin wirklich ein sehr geduldiger Mensch. Ich kann dir auch Zeit geben zum Überlegen. Auf der Wache dann.

ARON Ich habe nichts.

SEDAT Du kriegst Zeit, so lang du willst, bis dir einfällt welcher von deinen Kumpels an welchen von deinen Kumpels und an dich verkauft. Alles klar?

ARON –

SEDAT Oder wir regeln das hier.

ARON Ich –

SEDAT Ja. Fällt dir doch was ein?

Sedat geht näher an Aron ran, Aron weicht zurück, boxt voller Wucht gegen die Wand, tritt, boxt, tritt, tritt, tritt.

Glotzt nicht

Nurit steht sehr ungeduldig an einer Ampel, die nicht grün werden will. Sie tippelt hin und her.
Sedat sitzt am Rande. Beide sehen nach vorn.

Solange die Weißbrotmusik läuft, werden sie sich nie begegnen.

SEDAT Ja… ich weiß nicht… ich habe da eine Version der Geschichte… so wie immer es eine gibt und noch eine… *Lacht schüchtern.* Ich weiß nicht… ich würde dich am liebsten fragen, was du hören möchtest, aber ich weiß nicht einmal, ob du überhaupt etwas hören willst.

NURIT Also ich stehe da an der Kreuzung, knete den Wisch mit dem Termin zur nächsten Untersuchung in der Rechten und synchron dazu mein Kaugummi im Mund, ich weiß, dass mich die Anderen anglotzen, GLOTZT NICHT SO, schmatze ich euch zu laut oder.

SEDAT Ich seh diesen Action Film. Sehe es wie eine Walnuss rot platzen. Alles in slow. Diese Bilder im Kopf. Gedanken im Kopf, hier Schädelplatte – Aber das, was ich wirklich denke. Das, wo ich dabei war, ist eine andere Version der Geschichte für dich, die, die ich nie gesehen habe. Ich weiß nicht, ob du mich gesehen hast auf Fotos. Ich dich nicht. Ich würde mich dir gerne vorstellen.

NURIT Ich habe oft dieses Gefühl, den Wunsch, also in letzter Zeit immer öfter, wenn ich so in der Menge stehe oder neben mir jemand geht, ich denk, ich schubs ihn jetzt. Vor die Autos. Wenn wir auf dem Bürgersteig und neben uns die Autos so schnell fahren, da will ich das manchmal, will ich das unbedingt, einmal einen vors Auto schubsen, sieht keiner, kann niemand nachweisen, so ein Ziehen in den Armen, dem ich gerne nachgeben würde. Schwups. Tschüss. Aber heute denke ich was anderes.

SEDAT Meine Haare sind so schwarz wie deine und meine Augen genauso dunkel. Ich bin ziemlich groß. Für dich ein Riese. Meine Arme sind so lang, ich würde dich reinlegen wie in eine Hängematte und dich schaukeln. Dir beim Schlafen zuschauen. Und auf dein süßes Lächeln warten. Dein süßes Babylächeln.

NURIT Mein Körper wird bestimmt seltsam aussehen. Lege die Hand auf den Bauch. Ich bin 1,59 und wiege 48 Kilo. Ich habe perfekte Maße. Körbchen Größe C.

SEDAT Die eine Version für dich, dass es anders war. Egal, was du hörst, hörst du? So war es nicht. Glaube nicht den Zeitungen. Nicht deinen Freunden, nicht deiner Mutter. Es kann nicht so gewesen sein, weil sie waren alle nicht dabei.

NURIT Also ich stehe da an der Kreuzung und es ist rot und die Autos rasen und wehen meinen kurzen Rock hoch, die Anderen glotzen, ich möchte einen Schritt auf die Straße machen. Ich. Jetzt. Vor ein Auto.

SEDAT Und niemand darf dir sagen, ich weiß bescheid.

NURIT Flipflops floppen ins Fleisch unter den Zehennägeln läuft's Blut zusammen schlitter rein-

SEDAT Weil tun sie nicht.

NURIT Zu erst knicken die Beine weg an den Knien. Nur eben nicht nach hinten, sondern zur Seite. Dann knallt der Kopf auf die Haube auf und dann nicht mehr so viel, denke, was soll da noch kommen, kurzes Ding.

SEDAT Ich habe ein verschneites Gefühl zu euch drüben, Rehan. Ich werde dich nie sehen können. Bei uns hier ist Sommer. Denk dir was aus.

Spielplatz

ARON Sag mal deiner Ma, sie soll nicht so schreien.

NURI Lass.

ARON Oder wer kreischt bei euch die Wände an?

NURIT Lass mich.

ARON Ey: Wo ist der Unterscheid zwischen einer weißen und schwarzen Frau? Wenn eine Schwarze dich fragt, ob ihr Arsch dick aussieht – sag ja!

NURIT Kümmel, mach dich unsichtbar.

ARON Mach du dich. Sedat kommt nicht.

NURIT Was?

ARON Wartest doch auf ihn, wird nichts.

NURIT Woher hast du das?

ARON Ich weiß es. Der kommt nicht.

NURIT Lass mich. Ich muss mit Sedat reden. Verzieh dich.

ARON Ich muss auch mit ihm reden.
NURIT Du sagst doch, er kommt nicht.
ARON Vielleicht ja doch.
NURIT Was willst du von ihm.
ARON Er ist mein Freund.
NURIT Schwuchtel.
ARON Mach nicht einen auf groß, Mädchen, ich könnte dir helfen, vielleicht.
NURIT Wie, willst du was?
ARON Keine Ahnung.
NURIT Danke. Hab schon.
ARON Zu viele Freunde, oder? Ich meins ernst, wenn du irgendwie was brauchst.
NURIT Samariternummern brauche ich nicht.

Pause.

ARON Frauen färben sich die Haare nur, wenn es Stress gibt.
NURIT Gefällt dir?
ARON Weiß nicht.
NURIT Dachte, blond ist mal was anderes.
ARON Siehst jetzt weißer aus.
NURIT Was soll denn das heißen?
ARON Nichts. Einfach weißer.
NURIT Und. Das heißt?
ARON Nichts. Mehr wie ein Weißbrot eben.
NURIT Du hast nen Knall.
ARON Q-Tip halt, Wattestäbchen. Arschpuderweiß.
NURIT Was willst du?

ARON Nichts. Steht dir.
NURIT Ich versteh nicht. Machst du mich an?
ARON Vergiss es.

Lange Pause. Sie rauchen.

ARON Ich könnte mit dir zum Arzt gehen, wenn du da nicht alleine –
NURIT BITTE?
ARON Ich dachte nur –
NURIT Hat Sedat dich geschickt? Sollst du mich vollmüllen mit der Nummer? Kannst ihm sagen, deinem Freund, ich brauche keinen starken Mann, der mir Geschichten erzählt.
ARON Sedat hat es mir nicht erzählt. Ich muss auch mit ihm reden.
NURIT Wieso, hat er dir auch ein Kind reingedrückt?
ARON Das mit euch geht rum.
NURIT Weiß es jetzt die ganze Stadt, oder?
ARON Ich bin nicht die ganze Stadt, ich bin sein Freund. Wenn du Hilfe brauchst und Sedat nicht da, dann kannst du zu mir.
NURIT Bist du pervers?
ARON Wenn du nicht schlafen kannst, weil deine Ma so rumschreit.
NURIT Du willst, dass ich bei dir schlafe? Bist aber ein Freund!
ARON So doch nicht.
NURIT Warum bist du plötzlich so nett? Grad war ich noch Q-Tip und –

ARON Sedat ist mein Freund.
NURIT Ah, dann bin ich auch dein Freund.
ARON Wenn du willst.
NURIT Ich glaub, grad nicht. Aber danke.
ARON Ja, schon klar.
NURIT Du bist doch mit Sara, oder?
ARON Was hat das damit zu tun?
NURIT Frag nur.
ARON Vergiss es.

Lange Pause.

NURIT Ich will nicht zum Arzt.
ARON Was?
NURIT Ich will nicht zum Arzt, ich habe nicht vor dahin zu gehen. Schon mal darüber nachgedacht? Ich mein, was ist denn das für eine Art? Hat mich hier einer gefragt? Was ich will? Drehen jetzt alle durch oder was? Ist das so sonnenklar, dass eine wie ich gleich abtreiben wird, oder? Habt ihr euch alle abgesprochen?! Vielleicht will ich gar nicht. Abtreiben. Will ich nämlich nicht. Habe ich nicht vor. WERDE ICH NICHT TUN.
ARON Echt?
NURIT Verstehst du?
ARON Weiß ich nicht. Hast du das Sedat gesagt?
NURIT Ja.
ARON Fuck.
NURIT Ja.
ARON Fuck Fuck FUCK!!!

NURIT Kannst du mir da helfen?
ARON Nee. Ich glaube. Da nicht so.
NURIT Na dann.

MamaAnneMeineLiebe

Küchentisch. Aron links, Nurit mit dem Rücken zu uns, Sedat rechts. Mama.

ARON Du siehst schön aus heute.
MAMA Danke. Ich gehe in die Gemeinde.
ARON Hast du geweint?
MAMA Komm mit. Es gibt gutes Essen. Ich habe Lamm gemacht.
ARON Ich bin schon mit Sara.
MAMA Komm mit. Da sind Mädchen. Gute Mädchen.
ARON Nicht solche wie Sara? Schon klar.

Mama stöhnt laut auf.

ARON Was stöhnst du?
MAMA Mir gefällt dein Ton nicht. Den hast du von deinem –
ARON Deinem –? Was? Was!?
MAMA Du sollst mit mir nicht so sprechen wie mit denen.
ARON Denen sind meine Freunde.
MAMA Komm mit in die Gemeinde, da sind auch Jungs.

ARON Die sind alle schwul!

MAMA ARON!!! Das hast du alles von diesen –

ARON Was? Sag doch. Sprichs mal aus.

MAMA Mein Junge würde das nicht sagen. Es sind gute Jungen und Mädchen in der Gemeinde, ich möchte, dass du mitkommst.

NURIT Du siehst schön aus heute.

ARON Nein.

MAMA Danke. Ich gehe in die Gemeinde.

NURIT Hast du geweint?

ARON Warum sprichst du nicht einmal aus, was Problem ist, Mama?

MAMA Komm mit. Es gibt gutes Essen. Ich habe Lamm gemacht.

NURIT Ich bin schon mit Sedat.

ARON Ich verstehe doch auch so.

MAMA Komm mit. Da sind auch Jungs. Gute Jungs.

NURIT Nicht solche wie Sedat? Schon klar.

Mama stöhnt laut auf.

ARON Das es um Gojim geht.

NURIT Was stöhnst du? Was?

ARON Geht es doch, oder?

MAMA Wie redest du denn mit mir? Das hast du von deinen – Freunden, das.

ARON Sag doch mal!

NURIT Deinen was Freunden, Mama, sag. Fang schon wieder damit an.

SEDAT Du siehst schön aus heute.

MAMA Danke.
ARON Tut mir leid, ich gehe da nicht hin.
NURIT Sehe ich komisch aus für dich?
SEDAT Gehst du weg?
MAMA Heute nicht.
ARON Die sind bekloppt im Kopf, auch wenn du das nicht hören willst. Deine koscheren Jungs.
NURIT Sehe ich nicht mehr so aus wie du?
SEDAT Ich muss dir was erzählen.
Mama stöhnt laut auf.
ARON/NURIT/SEDAT WAS IST LOS?
MAMA Ich weiß es schon. Ich weiß es schon von anderen.
ARON Tut mir leid, dass ich nicht so bin, wie du mich willst, aber bin ich nicht.
NURIT Wollte ich nie.
SEDAT Von anderen?
MAMA Schämst du dich nicht?
ARON Doch.
NURIT Doch.
SEDAT Hast du geweint?
MAMA Ja. Habe ich.
ARON Das tut mir leid, Mama.
NURIT Wegen meiner Haare?
SEDAT Sieht man fast nicht.
MAMA Willst du essen? Ich habe Lamm gemacht.
ARON Kann ich dir helfen?
NURIT Oder wegen des dicken Bauchs, den ich kriege?
SEDAT Kann ich helfen?
MAMA Bleib sitzen.

ARON Ich kann dir nicht helfen.
NURIT Brauchst du nicht.
SEDAT Kann ich dir helfen?
MAMA Bleib sitzen.
ARON Mama.
NURIT Meine Liebe, weine nicht.
SEDAT Wegen mir.
MAMA Mir geht es gut.
ARON Mir geht es gut.
NURIT Mir geht es gut.
SEDAT Mir geht es gut.
MAMA Das ist schön. Bleib sitzen.

Der Stoff ist Schrott.

SEDAT Wenn ich den Wichser erwische, der meinen Pass geklaut hat, dann ist er tot! Ich sag es dir, das ist wie ein Fluch. Das kann nicht sein, das alles. Ich mein, ein Kanake ohne Papiere?!
ARON Hm.
SEDAT Tick nich. Ich tick nicht mehr mit. Sind jetzt alle verrückt geworden. Alle total durch oder was. Eine Ausnahmesituation hier drin in diesem Zusammenschlussdeutschland. Da klaut mir doch einer einfach meine fucking personality, das ist doch kein Zufall, der ist mir doch nicht aus der Tasche gefallen.
ARON Fresse. Friss.
SEDAT Ich schau hier hoch, da ist Wand und Wand und da oben auf dem Balkon meine Ma oder ist

es die Fette von eins drüber. Ich kann die alle nicht mehr auseinander halten, alle. Der Bulle hat recht. Auf jeden. Ohne Papiere bist du ein Scheiß.

ARON Zieh und gib weiter.

SEDAT Der Stoff ist Schrott.

ARON Du bist Schrott.

SEDAT Ich geh da nicht mehr hin. Wenn ich da noch einmal hin muss, dann kotze ich, dann hat sich das erübrigt, den Vorzeigejungen mach ich nich.

ARON Du gehst da morgen hin. Und jetzt gib weiter.

SEDAT Weißt du, was ich meine, die sitzen da so und schauen und denken sich, ich weiß was sie denken, aber ich geb ihnen nicht mehr dieses Bild. Dieses Bild von mir.

ARON Was für ein Bild!

SEDAT Mein Ausweis ist eh weg. Futsch. Mich gibt es nicht mehr. Nach ihrer Weißbrotphilosophie.

ARON Hast ihn selber weggeschmissen?

SEDAT Das ist nicht lustig. Du kannst natürlich gut labern.

ARON Warst doch nur einmal da.

SEDAT Was heißt nur einmal, hast du einen Plan, das ist so was wie immer, täglich, das ist so was wie Kaugummi. Ich habe mich reingesetzt, das klebt an dir wie Scheiße, sag ich dir.

ARON Du hast dich in Scheiße reingesetzt.

SEDAT Nein, Kaugummi. Verstehst du, die sind die Pest, die hängen dir an der Backe, die können nicht mal deinen Namen aussprechen. Die machen ja schon einen Akt daraus, meinen Namen, mich anzusprechen. Gucken so auf den Bildschirm, dann auf mich und dann klingt das so nach Kanakenessen, mein Name. Die wollen mich verdauen, verstehste, ich bin dann Sesam, Dürüm, Haloumi – Ötschgerem können die nicht lesen.

ARON Nein, ich meine wirklich. Du hast dich in Scheiße reingesetzt.

SEDAT Scheiße!

ARON Ja, sag ich doch.

SEDAT Oh, Mann!

ARON Lass.

SEDAT Ja, was soll ich denn jetzt?

ARON Willst doch nicht ohne Hose hier sitzen. Setzt dich wieder hin.

SEDAT Siehst du, das mein ich!

ARON Das was?

SEDAT Ist doch alles Scheiße! Ich bin Scheiße!

ARON OKAY!!!

Sie sitzen da.

SEDAT Vergasen alle.

ARON Was?

SEDAT Vergasen sollte man die.

ARON Wen die?

SEDAT Hunde.

ARON Hunde?

SEDAT Ja. Alle Hunde vergasen und die Besitzer

mit dazu. Jetzt sag mir mal, warum ich zu den Brötchen noch mal hin soll in ihr stinkendes fünftes Stockwerk zu Frau Hans, Schwans, Rans, kein Plan?

ARON Weil du Vater wirst.

Pause.

SEDAT Machst du jetzt einen auf Prediger?

ARON Ich mach einen auf Patenonkel.

SEDAT Na, wie stellst du dir das vor? Dass mein Sohn einen beschnitten Patenonkel hat?

ARON Moslems sind auch beschnitten.

SEDAT Ich nicht.

ARON Ich auch nicht.

SEDAT Hey – mein Sohn wird der erste Kanakenpräsident Deutschlands.

ARON Na, dann kann er doch jüdische Familienangehörige gut gebrauchen. Wir haben unsere Finger in allem.

Sie lachen, kiffen, lachen.

SEDAT Mein Sohn wird so schön, der wird sich vor Weibern gar nicht retten können.

ARON Und ein Auto haben, mit dem er die abholt.

SEDAT Mercy. Ganz klar.

ARON Und Abi machen.

SEDAT Und jede Menge Kohle.

ARON Und stark wird er, täglich Fitnessbudentraining.

SEDAT Ich will, dass er studieren geht.

ARON Und irgendwo anders aufwächst.

SEDAT Ich könnte ja. Weiß nicht. In ein anderes Stadtteil oder so. Was Besseres.

ARON Was Ruhigeres.

SEDAT Ich habe noch gar keinen Namen für ihn.

ARON Ist es schon klar, dass es ein Junge wird?

SEDAT Klar ist das klar, brauch keinen Test für so was. Wenn der Sex gut war, kommt immer ein Junge raus. Das wird ein fucking Liebesjungenkind.

ARON Der scheiß Vorzeigeausländer der Stadt.

SEDAT Cool.

ARON Finde ich auch.

SEDAT Ich glaub, ich geh jetzt zu ihr.

ARON Zu deiner Arbeitsamtfrau?

SEDAT Zu Nurit.

ARON Cool.

SEDAT Ich geh zu ihr.

ARON Das find ich cool, ja.

SEDAT Ich auch.

ARON Na dann.

SEDAT Ja.

ARON Aber wechsel zuerst die Hose.

SEDAT Ja.

Tony Montana

Sedat und Aron in »Zum lustigen Alfons«. Betrunkener Gast neben ihnen.

ARON Und dann sage ich so, gib dir das, ich sage, das Ding pumpt wohl nicht mehr so richtig und der Doc »so jung und schon Kreislaufprobleme, Probleme mit der Durchblutung«, das kann doch nicht und alles nicht so Drama, den ganzen Kram, von wegen so ginge das nich und ich denke, klar denkt er, das ich falsches Blut hab, das ist hier in ihrer Denke drin, das kriegen die nich anders hin, also jedenfalls macht er einen auf Macker, lehnt sich zurück im Ledersessel, Bonze, und fragt »Rauchen Sie?« und ich denk, der denkt, der ist mein Vater oder was, die Weißbratze in seinem Kittel, »Hören Sie auf zu rauchen.« Und ich lehn mich an seinen polierten Schreibtisch mit Fotos von Familie und frage zurück »Lecken Sie?« Und er – wird weißgelb »WAS?!« Und ich »Lecken Sie mich am Arsch!« und gehe. Gib dir das – »Lecken Sie?« Das hat gesessen, das war korrekt, der Wichser mit seinem falsches Blut Zeug, Bonze.

SEDAT Ja, was gehst du überhaupt dahin, Mann.

ARON Ey, meine Ma hat den Schaden, dass wenn sie auch nur einen Huster hört, muss ich gleich zum Doc oder was schlucken. Die gibt mir bei Schnupfen Antibiotika und wenn ich mal nachts vorm Rechner abhäng und sag ihr, kann nicht einschlafen, stopft sie mir Schlafpillen in den Mund.

SEDAT Sick.

ARON Du sagst es.

SEDAT Ich mein, was gehst du zu nem deutschen Arzt, Mann? Ist doch klar, dass er dir nur Scheiße erzählt. Das Land macht sick.

ARON Sag ich auch, meine Ma war nicht immer so. Das Land macht den Vollschaden.

SEDAT An ihrer Stelle hätte ich auch Mordsangst hier vor die Tür zu gehen. Es gibt hier keinen Respekt für solche wie uns.

ARON Die wissen nicht, wie man eine Frau mit Respekt behandelt. Mutter, das ist gleich nach Gott.

SEDAT Ey, Gott WAS Gott – ?!

GAST Nur die Schnauze aufreißen können.

SEDAT Meinst du mich, Alter?

GAST Ja. Kannst du auch mal was anderes statt labern, hierher kommen, aber Scheiße reden wie ausm Arsch.

ARON Was hast du gesagt?

SEDAT Was machen soll ich? Soll ich dich ficken oder was?

GAST Du säufst dir hier die Hucke zu mit deinem Freund und den ganzen Abend hört man »Alles schlecht hier« / »Die und wir und wir und die«, ich mein, noch keine Haare am Sack, aber erst mal hassen. Kannst du auch was machen. Was produzieren? Was herstellen, was Handfestes?

ARON Produzieren?

GAST Ja. Kannst du etwas machen.

SEDAT Du willst sehen, ob ich was machen kann, Alter?

GAST Außer über alle herzuziehen, wer bist du überhaupt, was kannst du?

SEDAT Er will –

ARON Was kannst DU denn?

GAST Wer redet denn über mich? Ihr plustert euch hier so auf. Dann lasst doch auch mal was sehen.

SEDAT Was sehen? Du willst was sehen, Alter? Pass auf.

Sedat macht den Versuch einer Beatbox, rapt dann los.

Ich ertrage die Welt
Die euch so gut gefällt
Verkrieche mich nicht unter die Bettdecke
Wenn ich die Arme nach oben strecke
Ist da nichts keine Hoffnung
Ich bin hier nur aufm Sprung
Sorry, ich will weiter
Und ihr denkt – kneift er?
Und ich sage, ihr verreckt in diesem Nest
Wenn ihr nicht die Finger von dieser Scheiße lässt
Lasst mich in Ruhe und geht euren Weg
So wie ihr zittert, wenn ich meine Hände aufs Mikro leg
Die Zeiten ändern sich und eins könnt ihr mir glauben
Ich bin alles – nur nicht zu kaufen.

Schweigen in der Kneipe. Der Gast kichert.

SEDAT Junge, willst du Stress?
GAST *kichert weiter* Ey – Ganz ruhig, ja?
SEDAT Lachst du mich aus?!
ARON Lass. Wir verschwinden.
SEDAT WAS?
GAST Genau. Geht ma. Verpisst euch aus meiner Kneipe. Raus!
SEDAT Ey –
ARON Lass.
SEDAT Das kann doch nicht –
ARON Lass ihn in Ruhe. Wir hauen ab.
SEDAT *zum Gast* Du bist TOT, Alter!

Sedat geht schnell zur Tür. Aron hinterher.

GAST Ihr müsst noch zahlen. Zahlen nicht vergessen. Das wird hier so gemacht.

Sedat und Aron schauen sich an, schauen sich um, gehen zurück zur Theke. Bezahlen. Gehen zur Tür. Raus.

Blumen

Nurit steht sehr ungeduldig da. Sie tippelt hin und her. Sedat sitzt am Rande. Beide sehen nach vorn.
Sedat holt den Brief aus seiner Hosentasche. Glättet ihn. Zögert aufzumachen, geht hin und her, reißt den Umschlag schnell auf. Liest

NURIT DU BIST SO EIN ARSCHLOCH!

Sedat legt den Brief beiseite. Zündet sich eine an. Raucht. Nimmt den Brief wieder in die Hand, schaut drauf.

NURIT Wie kannst du mir das nur antun – Ich warte hier seit –
DU bist so was von –
Nein.
Sedat. Sedat?
Hallo, Sedat!
Hey, Sedat!

Sedat fängt an zu lesen.

NURIT Lieber Sedat,
mein Lieber. Sedat. Baby.
Hi Sedat. Du Wichser.
Ich kann dich nicht erreichen. Du hast mich wieder versetzt und es macht mich krank. DU MACHST MICH KRANK! Nein. Lieber Sedat. Du hast mich wieder versetzt und es macht mich so fertig, aber ich habe heute etwas begriffen, glaube ich, ich schreibe dir nicht mit Wut. Ich will was anderes, bitte lies das zu Ende.

Sedat dreht das Blatt von beiden Seiten, guckt, wie lang der Brief ist, liest dann weiter.

NURIT Das letzte mal, dass ich etwas schrieb, das war an meine Oma. Ich schreibe dir wie an eine Oma, die in einem anderen Land lebt und die ich nicht erreichen kann, ich kann nicht zu ihr und ich kann es wirklich nicht. Zu dir. Durch. Das ist Quatsch! Was für ein Quatsch! Sedat. Hier. Alles durch. Ich vermisse dich. Ich habe so Angst. Ich habe so Angst um dich und mich und sie. Ich schreibe, ich will – Nein. Ich will nur sagen, ich habe keine Angst.

SEDAT Ich will nur sagen, ich habe keine Angst.

NURIT Ich will nur sagen, ich habe keine Angst. Darum schreibe ich.

Sedat starrt Nurit an, sie schreibt weiter.

NURIT Das mit dem Baby – das brauchst du auch nicht, Angst haben, ich schreibe dir, um dir zu sagen, ich sehe unsere Kleine. Ich sehe sie in meinen Träumen. Ich träume oft von ihr. Wir halten sie und dann verwandelt sie sich in Blumen in meinen und deinen Händen. Sie ist so süß. Du wirst sie lieben.

SEDAT Blumen?

Er legt den Brief weg. Nurit schreibt weiter.

NURIT Ich habe mit Miri gesprochen und sie sagt, wir tragen die Kinder in uns und ihr Typen, ihr kriegt sie erst nach diesen neun Monaten halt und ich weiß, dass du sie nicht sehen kannst, noch nicht, aber sie ist so süß, du musst mir einfach vertrauen. Ich werde dir ein Geschenk machen. Ich werde dir in paar Monaten dieses Mädchen schenken und du musst keine Angst haben. Sie hat winzige Fingerchen und ich sehe, wie sie deinen Daumen umklammert, und sie ihren kleinen Mund bewegt und murmelt und es klingt nach singen, danach, was ich ihr jede Nacht an ihrem Bettchen vorsingen werde. Ich werde da sitzen und du wirst im Nebenzimmer schlafen und ich werde so leise sein, um dich nicht zu wecken und ihr Bettchen schaukeln und sie angucken und nicht weggucken können und uns beide in den Schlaf summen, einnicken und mitten in der Nacht aufwachen und zu dir rübergehen, mich neben dich hinlegen.

Sedat nimmt den Brief wieder zur Hand.

NURIT Ich will nicht, dass du Angst hast, weil es wird super. Und ich werde bei ihr bleiben und meine Ma wird ihr Sachen stricken. Das macht sie schon jetzt. Zuerst war sie durch und hat nur geschrieen und heute komme ich nach Hause und sie sitzt da, Kopf runter, Beine verschränkt, am Fenster und murmelt was vor sich hin und strickt und ich »Was machstn da?« und sie »Ich stricke. Ich stricke Sachen für dein Kind.« Und ich »WAS?« und sie »Ja. Soll doch nicht frieren, wenn es dann kommt, ist ja Winter.«
Ich mein - gib dir das bitte! SIE STRICKT SACHEN FÜR UNSER BABY! So süße Fäustlinge und so. Durch.
Voll durch, aber es hat mir echt Kraft gegeben.

Echt. Ich seh sie so da sitzen und es wird voll warm um mich und in mir und ich hab so ein Gefühl, wenn ich an alles so denke und freue mich so und schreibe dir, um dir das zu geben. Dieses Gefühl. Was ich habe. Es wird so schön werden. Hab Vertrauen. Komm vorbei. Das wäre super. Bis dann.
Nein.
Komm zu mir. Ich liebe dich.
Nurit

Kein Fleisch

Mama sitzt am Fenster. Kopf runter, Beine verschränkt und murmelt vor sich hin. Sedat mit seiner Jacke.

SEDAT WAS MACHST DU DA?
MAMA Gott.
SEDAT Was machst du?
MAMA Was erschreckst du mich, was soll ich machen?
SEDAT Strickst du?
MAMA Ob ich was?
SEDAT Vergiss es. Es sah grad so aus. Von hinten. Ich hatte Angst, dass du jetzt auch noch –
MAMA Gehst du weg?
SEDAT Ja.
MAMA Zu ihr?
SEDAT Zu wem? Zu Nurit?
MAMA Ich weiß nicht wie sie heißt.

SEDAT Nurit. Sie heißt Nurit.
MAMA Ach so.

Sedat bleibt an der Tür stehen.

SEDAT Ja.
MAMA Und?
SEDAT –
MAMA Und? Ist das Mädchen nett?
SEDAT –

Mama zeigt Sedat auf den Stuhl neben ihr, Sedat setzt sich.

SEDAT Ich muss los.
MAMA Was machen ihre Eltern?
SEDAT Weiß nicht.
MAMA Arbeitet ihre Mutter?
SEDAT Weiß nicht.
MAMA Du kennst ihre Eltern nicht?
SEDAT Nein.
MAMA Oh. Wann willst du dich vorstellen?
SEDAT Keine Ahnung.
MAMA Wenn du gehst, ich könnte mitkommen, wenn du willst.
SEDAT –
MAMA Oder ich gebe dir was mit. Oder so etwas.
SEDAT Was mitgeben?
MAMA Irgendwas. In ein fremdes Haus mit leeren Händen –
SEDAT Ich muss los.

MAMA Im Leben eines Sohnes gibt es drei Phasen. Die erste ist: Mama hat immer recht. Die zweite: Mama hat nie recht. Die dritte: Mama HATTE recht.

Mama lacht auf. Sedat schaut zu ihr rüber.

SEDAT Ja, den kenn ich schon.
MAMA Und?
SEDAT Was?
MAMA Willst du mir nicht etwas über dieses Mädchen erzählen?
SEDAT Was willst du wissen?
MAMA Hast du ein Foto?
SEDAT Ja.
MAMA Darf ich es sehen?

Sedat holt sein Handy raus, sucht nach einem Foto. Klickt sich durch. Mama guckt ihm über die Schulter, versucht was zu erkennen. Sedat sucht. Dann tippt er auf das Display.

SEDAT Hier. Die.
MAMA Aha. Welche?
SEDAT Die rechts.
MAMA Aha. Und wer sind die anderen –?
SEDAT Geht dich nichts an.
MAMA Aha. Und was geht mich was an?
SEDAT Was willst du?
MAMA Ich will wissen, wer ist diese Frau, die meinen Sohn heiraten wird?

Sedat springt auf.

SEDAT WAS?!!

MAMA Darf ich sie sehen? Nicht nur auf Foto?

SEDAT Ich –

MAMA Darf deine Mutter diese Frau kennen lernen, bevor sie Oma wird?

SEDAT Scheiße!

MAMA Oder ist mir das nicht gestattet?

SEDAT Ich muss los.

MAMA Hat deine Mutter es verdient, etwas über deine Nurit zu erfahren?

SEDAT Nicht jetzt, okay. Ich muss jetzt. Wirklich.

MAMA Bringst du sie mit?

SEDAT Jaa.

MAMA Wann?

SEDAT Was wann? Ist das so dringend?

MAMA Was ist das denn jetzt? Das Kind ist bald da. MEIN ENKELKIND. Und er fragt, ob das dringend ist.

SEDAT Oh ja, Mama, ich bring sie mit, okay?

MAMA Wann?

SEDAT Muss ich dir das jetzt sofort sagen?

MAMA Ich muss das doch wissen, damit ich was kochen kann. Was mag sie?

SEDAT Sie isst kein Fleisch.

MAMA Was?!

SEDAT Scherz.

MAMA Sie isst kein Fleisch? Sie trägt *dein* Kind aus und isst kein Fleisch?! Du wirst ein behindertes Kind kriegen, das sage ich dir. Diese neuen Moden. Sie isst kein Fleisch!

SEDAT Oh, Mann, Mama, das war ein Scherz, okay?

MAMA Isst sie Fleisch?

SEDAT Ich bring sie mit. Ich sag dir Bescheid. Okay?

Die dritte Phase im Leben eines Kindes

Mutter streichelt Nurit über den Kopf. Hält die blonden Strähnen zwischen ihren Fingerspitzen. Schaut und schaut, riecht an ihnen.

NURIT Ich weiß, du hasst es.

MUTTER Die riechen ganz anders jetzt.

Pause.

NURIT Es kann sein, dass er vorbeikommt. Ich wollte es nur sagen. Nicht, dass du dich dann – Aber. Es kann sein. Und dann.

MUTTER Soll ich dann gehen?

NURIT Wie?

MUTTER Soll ich euch alleine lassen?

NURIT So meine ich das nicht.

MUTTER Und wie meinst du das?

NURIT Ich wollte nur sagen – Wenn er kommt. Dass du dich nicht erschreckst.

MUTTER Werde ich nicht.

NURIT Du musst nicht gehen dann. So meine ich das nicht.

Pause.

NURIT Glaubst du, er kommt vorbei?
MUTTER Ja.
NURIT Mama?
MUTTER Hat er gesagt, dass er vorbeikommt?
NURIT Ja. Nein.
MUTTER Männer sind so. Gewöhn dich dran.
NURIT Wie sind die?
MUTTER Sie sagen: Ja. Nein. Und sind dann weg. Das ist nun mal so, da kannst du nichts machen.
NURIT Ist doch nicht angeboren so was.
MUTTER Die sind anders.
NURIT Das Arschlochsein.
MUTTER Anerzogen. Das ist unsere Schuld. Wir erziehen unsere Kinder selbst dazu, was die sind. Und können es zum Schluss selber nicht fassen.
NURIT Meinst du mich jetzt?
MUTTER Männer sind so. Die gehen weg.
NURIT Er nicht.
MUTTER Aber ich bin noch da.
NURIT Das glaube ich nicht. Das glaube ich nicht, dass das angeboren ist. Und es kann nicht sein, dass alle Männer so sind. Das kann einfach nicht.
MUTTER Das sagen alle, wenn sie so jung sind. Aber du wirst es auch noch lernen.
NURIT So jung. Schon klar. Ich weiß gar nichts.
MUTTER Sedat kommt nicht. Du wirst das schon begreifen und dann wirst du dich beruhigen.
NURIT So verbittert werden wie du, meinst du.

MUTTER Ich weiß etwas über Männer. Es wäre gut für dich auf mich zu hören.

NURIT Männer. Männer. Du und deine komischen Vorstellungen.

MUTTER Na deiner ist ja noch kein Mann, der ist noch ein Kind.

NURIT Was? WAS WILLST DU VON MIR?

MUTTER Was ich will? Was ich will? Was kann ich schon wollen? Nichts. Ich will gar nichts mehr.

NURIT Du willst sagen, es ist meine Schuld das alles. An allem bin ich schuld.

MUTTER Ein Kind kriegen ist kein Verbrechen.

NURIT Das hat nichts mit dir zu tun.

MUTTER Du kannst deinen Mann nicht halten, aber das ist ganz normal.

NURIT Das ist nicht deins, okay?

MUTTER –

NURIT –

MUTTER Ich bin da für dich.

NURIT Ich weiß, dass du da bist. Aber du bist nicht er. Ich will meinen Mann. Ich will meine eigene Familie. Ich gehe hier raus aus deinen Vorstellungen, wie meine Haare auszusehen haben und mein Leben. Ich mache da mein eigenes. Und denk nicht, du kannst mir da was erzählen, weil kannst du nicht. Das ist nicht deine Welt. Also tu nicht so als ob das so wär, okay? Und Sedat ist nicht wie die anderen.

MUTTER –

NURIT Und. Und. ES KANN SEIN, DASS ER NICHT KOMMT. ABER DANN GEHE ICH JETZT ZU IHM. Wir sind nämlich verabredet.

MUTTER Und was DANN?
NURIT WIE WAS DANN?
MUTTER WAS PASSIERT DANN? WAS MACHT IHR DANN?

Du hast den schönsten Arsch der Welt.

Aron macht die Wohnungstür auf. Nurit steht unbeholfen da. Fragender Blick. Nurit kommt herein.

NURIT Du hast gesagt, darf ich, du hast nämlich gesagt, dass ich, wenn ich brauche –
ARON Okay. Komm.
NURIT Nee, wart mal. Sonicht, ich weiß, ich seh jetzt dumm aus.
ARON Ich zeig dir, wo du schlafen kannst.
NURIT Ich. Habe. Will nicht. Ich mein, stör ich. Ich. Geh lieber.
ARON Hier lang.
NURIT Ich will nicht, dass. Ist deine Ma da?
ARON Du kannst hier. Ich penn im Wohnzimmer. Hier ist es warm.
NURIT Ich.

Nurit weint, Aron nimmt sie in Arm.
Lange Pause.

NURIT Er –
ARON Ich weiß.
NURIT Er –

ARON Pscht.
NURIT Aber –
ARON Nicht.
NURIT Ich bin so bescheuert.
ARON Hey. Nicht. Nicht zittern. Ein Chinese kommt mit einer Blondine im Arm aus der Bäckerei. Was ist falsch gelaufen? Er wollte ein kleines Blödchen.

Nurit lacht, heult, lacht.

NURIT Ich bin kein Blödchen!
ARON Nein. *Pause.* Besser?
NURIT Besser geht es nicht.
ARON Klar.

Nurit im Bad.
Sie schminkt sich ab. Lange Prozedur. Heult ein wenig. Macht die Haare auf, zieht ihr Oberteil aus. Geht leicht in die Hocke, spannt ihren Hintern an und fängt an sich so Zähne zu putzen.
Aron kommt rein. Beobachtet sie.
Sedat sitzt am Rand und starrt ins Leere.

SEDAT Ich kann nicht das hier ist nicht meins das bin ich nicht nicht mein Leben ich habe das Gefühl das hat mir jetzt einer in die Akte geschrieben aber ich habe nichts damit zu tun was soll ich mit einer mit einem Mädchen was noch zu Schule geht ich will das niemandem antun mein Kind wird mir nie Respekt geben können ich werde wie mein Großvater hier die Straßen putzen und es wird mich anschauen und sagen so will ich nie werden und gehe weg aus diesem Land wenn ich groß bin also mache ich das schon mal komme allen Enttäuschungen zuvor und gehe.

ARON Was machstn da?

NURIT Hey.

ARON War nicht abgeschlossen.

NURIT Das ist ein Badezimmer, oder, da geht man nicht einfach rein!

ARON Sag doch ma.

NURIT Das ist eine Übung.

ARON Für den Arsch?

NURIT Ja. Hat mein Boxlehrer mir erzählt

ARON Laber.

NURIT Im ernst. Stalone hat für Rambo seinen Arsch auch so trainiert. Morgens und abends drei Minuten anspannen. Am besten wenn du Zähne putzt, kommt von dem Timing genau hin.

ARON Das hat dein Boxlehrer dir erzählt?

NURIT Glaubst du nicht?

ARON Dass du boxt? Ne!

NURIT Habe ich. Hab jetzt aufgehört, hab Angst, dass sie mir in den Bauch boxen.

ARON Verarschst mich.

NURIT Soll ich mal zeigen?

ARON Das traust du dich nicht.

Nurit nimmt die Zahnbürste aus dem Mund, legt sie ordentlich aufs Waschbecken und boxt Aron ins Gesicht.

ARON Spinnst du?
NURIT Glaubst du jetzt?
ARON Das ist unfair, du weißt genau, dass ich keine Frauen schlage!
NURIT Traust dich nicht?

Aron schlägt Nurit, sie fällt um.

NURIT Wichser, Mann, ich bin schwanger! Hab mir den Kopf aufgeschlagen.

Aron setzt sich zu ihr auf den Kachelboden, gibt ihr eine Zigarette.

ARON Das Baby sitzt ja nicht im Kopf.
NURIT Manchmal glaube ich schon.

Sie rauchen.

ARON Hast du wieder geheult?
NURIT Ne. Das ist eine Creme gegen die Augenringe. Schwanger und sexy muss sich nicht ausschließen. Ich pflege mich. Achte drauf. Pflege deinen Körper mit dem Feinsten. Rosenöl, Erdbeer-Peeling, Sandelholz-Extrakte, Kokoskörperbutter, Sheakörperbutter, Olivenkörperbutter, Nusskörperbutter, Mangokörperbutter, Papayakörperbutter, Kakaokörperbutter, Hanf –
ARON Sedat hat nur Angst. Das ist doch irgendwie normal.
NURIT Passionsfruchtkörperbutter, Passionsfrucht-bade- und Duschgel, Passionsfruchtkörperspray,

Passionsfruchtkörperpeeling, Passionsfruchtseife, Passionsfruchtlippenbutter. Erdbeerbade- & Duschgel, Olivenbade- & Duschgel, Satsumabade- & Duschgel…

ARON Ich rede mit dem.

NURIT Nein. Nein. Nein. Nein. Nein. Nein. Nein. Nein. Nein. Nein.
Ich rede mit ihm.
Ich
Ich
Ich
Verkaufe mich nicht so gut
Merke ich
Da
Da muss man was machen
Eine Identität
Machen
Bauen
Eine Ich
Ich baue mich jetzt
Was ganz
Neues
Ich mache mich
Neu
Kaufe mir
Ein Gesicht
Ein Gesicht ein hübscheres
Ein Gesundheitsgesicht
Blendende Zähne
Zähne zahm zeigen
Nicht erschrecken nur

Strahlen
Mit meinen Augen
Blendend
Ich will fit sein
Hip
Porn
Eine
Muslimische
Weibliche
Personality
Meine Titten wachsen
Ich wär lieber ganz flach
Wie Victoria Beckham
Flacher Bauch flacher Bauch flacher Bauch

Ich denke mich neu
Denke rückwärts
Male neu Bilder in den Spiegel
Können mir nichts erzählen
Das was ich bin
Heutzutage
Kann man alles kaufen
Also auch sich selbst
Denke ich
Mich

Warte mal hier
Sie läuft zu ihrer Tasche, holt Sedats Pass und gibt ihn Aron.
Hier –

ARON Was ist das?

NURIT Das ist seins, das habe ich im geklaut, ja guck nicht so.

ARON –

NURIT JA! Hab ich einfach so, hab nichts damit gemacht, nichts, wollte es nur haben, irgendwas von ihm hab einfach in seine Hosentasche gegriffen und ihn rausgezogen, wusste nicht mal, was ich da mitnehme, wollte irgendwas von ihm in den Händen, verstehst du ja klar nicht.

Gib ihm ihn – ihn – ihn ihm zu.
Gib. Ihm. Ihn zurück, kannst ihn ihm zurückgeben. Brauch ihn nicht mehr.

Aron starrt sie an. Nimmt den Pass.
Mama kommt rein.

MAMA Das ist ein Nichtraucherbad.

ARON Mama!

NURIT Oh Scheiße!

MAMA In meiner Wohnung wird nicht geraucht, wie oft soll ich dir das noch sagen?

ARON Mama, das ist –

NURIT SCHEISSE!

ARON Nurit.

MAMA Nurit. Ich muss mich für meinen Sohn entschuldigen. Es ist unhöflich. Das tut mir leid. Aber das ist eine Nichtraucherwohung hier.

NURIT Ja. *Will ihr die Hand geben, merkt, dass sie kein T-Shirt an hat, bedeckt sich mit der einen Hand, sucht mit der anderen das Shirt.*

ARON Wir haben nur geredet.

MAMA Geredet. Geredet habt ihr. Auf dem Boden.

NURIT Tut mir. Das ist alles ganz. Ich geh dann mal.

ARON Mama. Das ist Nurit. Ich will dir jemanden vorstellen. Ja? Flipp nicht gleich aus. Sie heißt Nurit.

MAMA Ich weiß, wer sie ist.
Aber ich wusste nicht, dass DU –
Was machst du mit deiner Nurit hier auf dem Boden?

ARON Ich sag doch, wir haben geredet –

NURIT Gar nichts machen wir. So ist das nicht, okay? Ich geh schon.

Nurit steht auf, will an Mama vorbei.

MAMA Darfst du in deinem Zustand überhaupt rauchen?

ARON MAMA!

NURIT Machen Sie sich mal keine Sorgen.
Ich bin nicht *seine* Nurit. Habe nichts mit ihm. Er ist koscher. In Ordnung? Ich geh schon.

ARON Nurit! Wart mal, du musst nicht.

MAMA Auf Wiedersehen.

NURIT Schon klar. *Geht.*

MAMA Also mit solchen gibst du dich jetzt ab? Mit Nurit Schmurit? Tust du das, um mir weh zu tun?

ARON Was hast du gemacht!

MAMA Hätte ich gewusst, dass das einmal aus dir

wird, wäre ich nicht in dieses Land gekommen! Ich hätte dich zum Militär schicken sollen. Ich habe dich verzogen.
Alles erlaubt. Immer. Das ist alles meine Schuld.

ARON Jetzt heul nicht! Bitte –

MAMA Liebst du mich denn gar nicht?!

ARON Was hab ich denn gemacht?!

Mama geht. Aron sitzt da. Sieht Sedats Ausweis in seiner Hand. Versucht ihn zu zerreißen. Es klappt nicht. Versucht ihn das Klo runterzuspülen. Es klappt nicht. Er holt ihn wieder raus. Weiß nicht, wohin mit sich.

Ausmachen.

U-Bahn. Sedat und Aron hören von Alpa Gun »Ausländer«, wir sind hier zu hause, es wird Zeit, dass ihr es rafft…

SEDAT »Töten für Ehre und drehen krumme Dinger« –

ARON »Und manche Deutsche machen Sex mit kleinen Kindern« –

SEDAT »Nicht jeder von uns würde mit Koks und Hero dealen« –

ARON »Ich sag doch auch nicht jeder Deutsche ist gestört und pädophil« –

Doch, das sag ich jetzt. Weißzapfen sind gestört und pädophil.

Ich färbe mich schwarz, ich bin ein Schwarzmännchen, habe keinen Bock mehr auf meine Haut. Das bin ich nicht. Die gucken mich an und wissen nicht welche Schublade, welcher Stock, wohin mit mir.

SEDAT Ja, Mann, komm runter, mir ist jetzt nicht danach.

ARON Ich bin Michael Jackson auf links gedreht.

SEDAT Jaa.

ARON Ich ziehe nach Berlin, habe ich mir gedacht, ich mein, was soll ich hier.

SEDAT Ja.

ARON Was denkst du?

SEDAT Ich gehe zurück in die Türkei.

ARON Ne. Ernst jetzt?

SEDAT Ich hau ab.

ARON Was?

SEDAT Soll ich es noch mal?

ARON Mit Nurit oder?

SEDAT Was mit Nurit?

ARON Du verarschst mich jetzt.

SEDAT Das hier ist nicht meins, nicht mein Leben, ich habe das Gefühl, das hat mir jetzt einer in die Akte geschrieben, aber ich habe nichts damit zu tun, was soll ich mit einer mit einem Mädchen, was noch zu Schule geht?!

ARON Das musst du ihr doch sagen, Mann!

SEDAT Was? Was gibtsn da zu sagen?

ARON Na was du grad mir – Du musst mir ihr reden. Die raucht so viel. Die Frau hat dein Kind im Bauch und raucht Kette. Du musst mal mit ihr reden. Die ist doch so jung, da weiß sie noch nicht –

SEDAT Ich hab mit dem allem nichts mehr zu tun.

ARON Das meinst du jetzt echt alles?

SEDAT Ich habe da mit wem geredet. Ich brauch nicht viel Kohle, ein paar trampen rüber. Da komm ich mit.

ARON Du hast doch gar keine Papiere.

SEDAT Brauche ich nicht. Wenn ich drüben bin, bin ich zuhause, da muss ich nie wieder Papiere vorzeigen. Nie wieder Bürokratie. Nie wieder Weißbrotmusik in den Ohren.

ARON Was bleibst du hier! -

SEDAT Was?

ARON Du kannst doch nicht so. Wie willst du sie hier - Zurück - Oder - Lassen - Was!

SEDAT Machst du jetzt den Frauenversteher?!

ARON Was ist das für eine Hundeart sich zu verabschieden?!

SEDAT Nurit Nurit Nurit Nurit Nurit Nurit Nurit Nurit was hast du mit ihr fickt ihr oder was du Jude fickst eine Muslima oder was das muss natürlich geil für dich sein als Jude eine Muslima in den Arsch zu ficken aber dann kümmer dich auch um deinen eigenen Dreck.

ARON Fick dich. Soll ich dich Kanaken mal in den Arsch ficken, die Frau wartet seit Monaten auf dich und bei dir knickt der Schwanz ab.

SEDAT Ey weißt du –

ARON Ja was?!

Mitten in die Unterhaltung – der Rentner.

RENTNER Entschuldigen Sie bitte, könnten Sie die Zigarette ausmachen, bitte?
ARON Was?
RENTNER Verzeihung, das ist ein Nichtraucherbereich. Hier.
ARON Was ist?
RENTNER Ich glaube, er versteht mich nicht. Mach die Zigarette aus.
ARON Ey, sprichst du hier mit mir?
RENTNER Zigarette aus.
SEDAT Geh weg, alter Mann.

Rentner stellt sich vor Aron hin und guckt ihn an.

RENTNER Zigarette aus.

Aron spuckt ihm vor die Füße.

RENTNER Das habe ich mir doch gedacht.
ARON Was? WAS?! Dass die Ficker Ausländer wieder Stress machen wollen hier in deinem Scheiß Land, da habe ich eine Nachricht für dich, Hackfresse, wir sind keine Ausländer. Wir sind Inländer. Ich wohne hier. Schlossstraße 5 ist die Adresse, kannst vorbeikommen, bin hier geboren. Hier. Innen drin, alles klar, haben wir uns verstanden? Hier unter deinem Brustkorb, *Tippt auf den Brustkorb,* unter deiner faulen, schuppigen, grünen Pilzrinde, da kriegst du mich nicht raus.

Rentner geht durch den Wagon weiter weg.

ARON OPA! EY!

Rentner von der Bühne.

ARON Hey, Opa, erinnerst du dich zufällig an meinen, aus dem Krieg noch? Der mit den großen Glubschaugen? Guck mich mal an. So. So sahen sie aus. Wart doch mal, wir sind noch nicht fertig.

Aron springt auf, läuft dem Rentner hinterher. Sedat ihm nach.

SEDAT ARON!

Rehan.

NURIT Die haben Sedat weggesperrt.
Die haben meinen Mann weggesperrt. Die haben den Vater meines Kindes, meines ungeborenen Kindes mir weggenommen. Weg.
Die sagen, da kommt er nicht raus. Die sagen, wenn er raus kommt, ist er ganz weg. In die Türkei. Muss er. Darf hier. Hier nicht bleiben. Das darf er nicht mehr, weil die solche hier nicht haben wollen.

Aron darf bleiben. Wohin wollen sie auch mit ihm. Er ist hier geboren. Sedat auch. Aber für solche wie Sedat gibt es ein Auffangbecken drüben, eine Abladefläche für die Kinder der Müllmännergeneration. Das habe ich aus der Zeitung. Die sagen, unser türkischer Mitbürger, unser jüdischer Mitbürger. Langer Artikel, habe ich nicht ganz gelesen, ich glaube, die schreiben sie absichtlich so klein, dass man keine Lust hat genau zu lesen und die ganzen Lügen einfach überliest. Es ging um Aron. Sedat haben sie am Anfang und zum Schluss nur kurz erwähnt, ich glaube, sie wollen ihm die ganze Schuld zuschieben, weil er älter ist. Und Türke. Der Artikel, da ging es darum, dass ein Jude einen Deutschen angegriffen hat. Zündpotential. Das erste Mal, schreiben sie. Der Alte war noch im Krieg gegen die und da gehen die Jungen auf die Alten los und, ach, weiß ich nicht, was sie zusammen spinnen, ergibt keinen Sinn. Nur eins ist klar: Skandal, schreiben sie. Aber was ist genau der Skandal? Wie weit seine Wurzeln hier in den deutschen Staat reichen, wollen sie testen, ist er Deutschjude, ist er Deutscher mit fremden Wurzeln oder was ist der überhaupt, ich habe nur verstanden, sie wollen ihn irgendwie fassen, bei den Wurzeln, sein Handeln. Gefahrenpotenzial. Kann man schon testen, an den Genen ablesen. Die schneiden da in dein Fruchtwasser rein und testen dein Ungeborenes.

Schaut auf ihren Bauch.

Aber wohin soll ich mit dir? Wenn ich dich schon nicht in mir drin verstecken kann, wohin soll ich dich wegbringen vor ihnen?

Der Alte will nicht vergeben. Der will Sedat nicht die Absolution erteilen. Einfach okay sagen, 'tschuldigung angenommen oder. Vergebung ist nichts für Christen. Das ist nicht ihre Stärke. Können sie nicht. Das wäre auch nicht so wichtig, dachte ich, Sedat bringen sie auch mit Vergebung weg von mir, aber irgendwie denke ich, ein Mensch, der nicht vergeben kann, der ist gar keiner. Ich habe ihn gesehen. Heute Nacht habe ich ihn ganz deutlich in meinem Traum gesehen. Ich habe geträumt, ich gehe zu ihm ins Krankenhaus. Das war so ein großes, sehr weiß. Die Gänge leer und ich wie taub. Da liegt er auf dem Bett und starrt die Decke an. Er ist fast ganz heile, nicht wie die Zeitungen schrieben, nur am Kopf ein paar braune Nähte. Sein Kiefer hängt. Er ist Verwachsen und grünlich weiß und die Augen stechen heraus. Er trägt so ein gepunktetes Nachthemd, die faulende Haut ist nur im Gesicht und an den Händen sichtbar. Die Finger sind krumm zur Faust. Er liegt da und schmatzt ab und zu. So ein Zungeeinziehen und Spuckewiederkäuer-Geräusch.

Ich schließe die Tür, schaue ihm in die Augen, lege die Arme um ihn, zerre ihn auf den Boden und trete auf seinen zusammengeflickten Schädel ein. Bis ich knietief in ihm drin bin. Ich und mein Baby, wir beide. Drauf! Drauf! Drauf! Fühle sein Hirn zwischen meinen Zehen, die Flipflops machen das Schmatzgeräusch, das Blut spritzt bis unter den Rock. Ich bin auf ihm rum-

gesprungen wie eine Wildsau und er hat dabei Parolen ausgestoßen. Und immer wieder KEINE VERGEBUNG KEINE VERGEBUNG KEINE VERGEBUNG. Scheiß drauf.
Ich hab da ein vergessenes, ein nie gehabtes, ich habe es mir nie gewünscht, so nicht, habe nie da gesessen und es mir ausgemalt, ich hatte manchmal nur dieses Gefühl, wie einen Geschmack auf der Zunge, ganz kurz –
Brötchen, warme, die ich eigentlich nicht mag, am Frühstückstisch und ich mag sie nicht, aber es ist schön wie sie liegen im Korb und noch warm, wie hast du das gemacht, frage ich mich, sie warm zu halten, und die übersüßte Erdbeermarmelade und Orangensaft, hast du mit der Hand gepresst, paar Kerne schwimmen in meinem Glas, als ich noch schlief, hast aufgedeckt, Messer, Gabel, Löffel für den Joghurt mit Frucht und Bakterien und ich lache über Bakterien – wer will schon so was essen – und du lächelst zurück und bietest mir Butter an und Käse und Muffins von gestern, die übrig geblieben sind von dem Abend, als wir auf dem Dach saßen, wo es rutschig war, aber du hattest eine Matratze hingelegt, wir hatten Cola und Muffins und die Decke, die nach Hund roch und haben Sterne geguckt und uns und du hast versucht zu singen, aber – du kannst es einfach nicht – was war das? Baging baging you? Und ich sitze da am Tisch und suche deinen Fuß mit meinem unter der langen Tischdecke, kariert in gelb und

orange, lache auffällig oft, aber leise. Echt. Du bist so schön. Du siehst so schön aus. Das denke ich, will deine noch nassen Haare anfassen, aber ich habe Marmelade an den Händen, also stelle ich es mir vor, ich stelle es mir vor, wie ich es mir vorstelle und du gießt noch Tee, Kaffee, Sekt nach und redest ununterbrochen. Irgendwas. Und das Licht scheint durch deine Ohren.

Steht auf, will gehen.

Mein Mädchen wird übrigens Rehan heißen.

Lächelt.

SATT

Wo kommst du her?
Aus Mama.

PERSONEN

Schwestern
GOSCHA sie ist Anfang 20
SUSANNA, kurz SU sie ist 16

Mutter
LARISSA sie ist Mitte/Ende 40

STEF er ist Mitte/Ende 20

Ich weiß, wer du bist.

Larissa, Stef.

STEF Darf ich?
LARISSA Nein.
STEF Ich bin Stef.
LARISSA Ich weiß, wer du bist.
STEF Entschuldigen Sie. *Er will gehen, tut es nicht.*
LARISSA Was willst du.
STEF Ich dachte. Ich könnte. Wir könnten. Ein paar Dinge klarstellen.
LARISSA Dinge klarstellen. Sagt man das so bei euch.
STEF Es tut mir leid. Ich will mit Ihnen über Ihre Tochter sprechen.
LARISSA Über welche von den zwei?
STEF –
LARISSA Ich dachte, du bist älter. Oder jünger.
STEF Ich. Wollte mit Ihnen über Goscha reden.
LARISSA Wie alt bist du, Junge?
STEF Bitte. Kann ich mit Ihnen sprechen.
LARISSA Ein Junge, der kommt, um zu sagen, ich habe Ihre Tochter geliebt. Kommst du deswegen?
STEF Ich dachte. Vielleicht können Sie mir –
LARISSA Kann ich nicht.
STEF Entschuldigen Sie die Störung.

Pause.

LARISSA Was willst du hören?
STEF Wie es Ihnen geht.
LARISSA Gut. Sehr gut. Mir geht es sehr gut.

In der U-Bahn, eins

Goscha geht durch den Wagon.

GOSCHA Guten Tag, meine sehr verehrten Damen und Herren. Entschuldigen Sie die Störung. Ich verkaufe nichts und bin auch nicht seit kurzem obdachlos. Ich habe gegessen. Ich bekenne mich in aller Öffentlichkeit – ich bin ein Konsument aller Genussmittel unserer herrlichen Gesellschaft. Ja. Ich bekenne mich. Ich bekenne mich als vegan. Ich bekenne mich als Schulabbrecherin. Ich bekenne mich als Ausländerin. Mit einem deutschen Pass. Ich bin schwul. HIV positiv. Ansteckend. Ich bin kurzsichtig. Meine gewandte Wortwahl wird nicht darüber hinwegtäuschen, dass ich Akademikerin in spe bin. Studentin. Philosophie 14. Semester. Folglich habe ich mein Abitur nachgeholt und das gut genug, um hier in dieser wunderbaren Stadt studieren zu dürfen. Mit ihnen allen zusammen. Haben Sie vielleicht ein wenig Kleingeld oder eine Kleinigkeit, die Sie mir abgeben könnten, vielleicht ein Schluck Wasser, eine Zigarette? Können Sie mir helfen, bitte?
LARISSA GOSCHA!!!

GOSCHA Mama!
LARISSA Goscha – Was – was machst du da??
GOSCHA Mama – nicht jetzt okay –
LARISSA Was nicht jetzt!
GOSCHA Mama. LASS MICH!
LARISSA Du kommst jetzt mit nach Hause!
GOSCHA Ne, Mama, tu ich nicht! Ich komme nicht mit.
LARISSA Goscha! Du kommst jetzt sofort mit!
GOSCHA Mama, lass mich –
LARISSA Wir gehen jetzt. Was – was hast du hier gemacht? Was denkst du, was du da machst??
GOSCHA Ich hab ein bisschen Spaß, okay? Ich leb mein Leben, okay?
LARISSA Dein Leben. Habe ich dich hergebracht, damit du betteln gehst??
GOSCHA Ich bettele nicht, Mama! Ich mach hier was anderes. Was Neues.
LARISSA Was Neues? Was Neues? Hältst du mich für so bescheuert? Du kommst jetzt mit.

Was wir hier machen

SU Ich glaube, er mag mich.
LARISSA Ist es jemand aus deiner Klasse?
SU SchülerVZ. Chatroom. Also Plauderkasten. Da wirst du so wie abgesetzt und kannst anklopfen.
LARISSA Ah ja. Ja.
SU Ein Chatroom bei SchülerVZ, oh Mama. Wir haben über Animes geredet und er hat gesagt,

dass wenn er sich mich vorstellt, dann denkt er an Mila oder Bunny Szukino, gar nicht an mein Foto.

LARISSA Du hast ihm ein Foto geschickt?

SU Ich habe ein Foto hochgeladen. Also eigentlich mehrere. Ein ganzes Album. Und ich habe da so voll hübsche von mir reingestellt auf meine Seite und er sagt, die sind zwar hübsch, aber ihn interessiert mein Profil. Da gibst du Lieblingsfilme ein. Und Bücher. Und ein Lebensmotto. Und Zitate. Du kannst auch Gruppen beitreten. Er ist in so vielen lustigen Gruppen drin. So was wie »so goes it not«.

LARISSA Und er – ist wer?

SU Er ist von einer anderen Schule. Keine Ahnung. Wir faken alle unsere Facts, Geburtsdatum und so. Ich weiß nicht, wo er zur Schule geht, aber ist doch auch egal. Er ist so toll, Mama!

LARISSA Habt ihr euch schon getroffen?

SU Sag ich doch, im Plauderkasten!

LARISSA Im Internet.

SU Ja. Mann. Und. Er mag Bücher.

LARISSA Super.

SU Steht auf seiner Seite. »Das schwarze Auge« und »Der Schwarm« und so.

LARISSA Wow.

SU Ja.

LARISSA Wie heißt er?

SU Fritz. Fritz the cat.

LARISSA Fritz.

SU Der Kater, Mama. Der Kater. Miau!

Goscha am Küchentisch.

LARISSA Willst du was essen?

GOSCHA –

LARISSA Goscha? Redest du nicht mehr mit mir?

GOSCHA Doch.

LARISSA Willst du was essen?

GOSCHA Kann ich hier einfach mal sitzen ohne gleich gemästet zu werden?

SU Gosch, alles klar?

GOSCHA Ja.

SU Sicher?

GOSCHA Ja. Sicher. Alles wie immer. Ich sitze hier an dem Tisch und das einzige, was es zu fragen gibt, ist, ob ich was essen will.

SU Musst hier nicht sitzen.

GOSCHA Ich finds schade, dass wir keine Themen haben. Dass alles, was wir haben, ist zu fressen und darüber zu reden.

SU Dann friss nicht. Hat dich was gebissen?

LARISSA Ich habe sie gebissen.

SU Ah. Klar. Mam hat dich gebissen.

LARISSA Ich habe sie gestört beim Leuteanpöbeln und jetzt ist sie sauer auf mich und pöbelt hier weiter.

GOSCHA Ja, es kann sein, dass es mir tatsächlich peinlich ist, wenn meine Mutter mich am Ohr in ihre Küche zieht, um mich mit Essen vollzustopfen, tut mir leid, dass ich nicht danke sage.

SU Gosch, komm mal runter.

LARISSA Wenn du mir etwas sagen willst, dann sag es.

GOSCHA Warum sind wir hier?

SU Also: es gab mal eine Schildkröte und auf der standen sieben Elefanten –

GOSCHA Verteidige sie nur. Verteidige sie. Sie hat uns her gebracht, in ein Land, das sie selber hasst und wir sollen das jetzt lieben und uns voll assimilieren, damit sie ihr Jammertal aufrechterhalten kann.

SU Die einzige, die jammert, bist du.

LARISSA Schon gut, Susanna, lass sie ausreden.

Pause.

GOSCHA Und? Wie ist es so? Bist du zufrieden?

LARISSA Mit dir? Sehr.

GOSCHA Bin ich dein Deutschland?

LARISSA Es ist doch egal, was ich wollte. Oder? Dir ist nur wichtig, dass du dagegen bist.

GOSCHA Klar. Das ist das einzige, worum es geht.

LARISSA Ach so.

GOSCHA Ja. Was. Was?

LARISSA In meiner Vorstellung stand Deutschland für etwas. Aber das kann dir egal sein.

GOSCHA Hast du gedacht, Deutschland ist Recht und Ordnung? Sauberkeit und Pünktlichkeit, blond und blauäugig? Hier das ganze Wirtschaftswunder, Arbeitervolk, Leitkultur?

LARISSA Ich weiß nicht, wovon du sprichst.

GOSCHA Du hast doch nur Angst.

LARISSA Die habe ich. Ja.
Und du bist nicht die, mich zu verurteilen.

In der U-Bahn, zwei

Goscha geht durch den Wagon.
Stef.

GOSCHA Guten Tag, meine sehr verehrten Damen und Herren. Entschuldigen Sie die Störung. Ich verkaufe nichts und bin auch nicht seit kurzem obdachlos. Ich habe gegessen. Ich bekenne mich in aller Öffentlichkeit – ich bin ein Konsument aller Genussmittel unserer herrlichen Gesellschaft. Ja. Ich bekenne mich. Ich bekenne mich als vegan. Ich bekenne mich als Schulabbrecherin. Ich bekenne mich als Ausländerin. Mit einem deutschen Pass. Ich bin schwul. HIV positiv. Ansteckend. Ich bin kurzsichtig. Meine gewandte Wortwahl wird nicht darüber hinwegtäuschen, dass ich Akademikerin in spe bin. Studentin. Philosophie 14. Semester. Folglich habe ich mein Abitur nachgeholt und das gut genug, um hier in dieser wunderbaren Stadt studieren zu dürfen. Mit Ihnen allen zusammen. Haben Sie vielleicht ein paar Cents, damit ich meine Sachen irgendwo waschen kann?
Vielen Dank fürs Zuhören –

»Guten Tag meine sehr verehrten Damen und Herren.«
Als Schleife.

STEF Kannst sie bei mir waschen.
GOSCHA Was?

STEF Die Sachen. Kannst sie bei mir waschen.

GOSCHA Verpiss dich.

STEF Wenn du schon schnorren gehst, dann mach deine Tasche zu, man sieht doch, dass du Fressen drin hast.

GOSCHA Hast es nicht geblickt oder?

STEF Was?

GOSCHA Ich habe gegessen. Ich bekenne mich in aller Öffentlichkeit – Meine Damen und Herren, hören Sie mir zu! Ich esse! Ich trinke! Und ich verrichte meine Notdurft direkt hier in dieser Bahn, in der wir gerade das Vergnügen haben zusammen zu fahren –

STEF Bist du nur auf Protest aus oder willst du auch was?

GOSCHA Willst du eins auf die Fresse? Lass mich in Ruhe, habe ich gesagt!

STEF Ich heiße Stef.

GOSCHA Wiedersehen.

STEF Kann man dir helfen?

GOSCHA Hier darf man nicht rauchen.

STEF Du bist gut. Du bist nicht die einzige, die hier was darf.

GOSCHA Kann ich auch eine?

STEF Sind aber nicht vegan.

GOSCHA Bin ich auch nicht.

STEF Ich bin Stef.

GOSCHA Habs mitgekriegt. Ich bin Goscha.

Glühwürmchen

Stef und Goscha am Container.

GOSCHA Warum schließt man Müll überhaupt ab?
STEF Damit es mehr Spaß macht, ihn aufzubrechen.
GOSCHA Das ist verrückt. Dass du die Nadeln da alle dabei.
Und das auch noch kannst. Du kannst es doch oder?
Kennst du diese Szene, in der die menschliches Fett klauen? Und dann klettern sie über den Zaun und der Sack bleibt hängen und der eine kriegt so eine Fettdusche?
STEF So. Fertig. Voilà.
GOSCHA Hammer.
Ich kann nichts sehen.
STEF Und hier dein Glühwürmchen.
GOSCHA Was?

Stef gibt ihr die Stirnlampe und macht sich seine um.

GOSCHA Wo geht n das an?
STEF Ist ne Glühbirne. Ganz normal.
GOSCHA Hey – Wusstest du, dass der Erfinder der Glühbirne auch ein Patent auf den elektrischen Stuhl hat?
STEF Ne. Interessiert mich auch nicht.
GOSCHA Thomas Edison.
STEF Schau mal. Fette Beute.

GOSCHA Ich seh noch nicht so viel.
STEF So. Rein da.
GOSCHA Warte – Was machst du?
STEF Viel Spaß beim Tauchen.
GOSCHA Hey, warte –
Stef! Stef?

In dem Container. Ein Wunderland aus Joghurt, Obst, Schokolade,... Stef und Goscha schweben mittendrin wie im Weltall.

STEF Eine Palette Kümmerling. Nehmen wir.
GOSCHA Butterkuchen. Wie krass.
STEF Bananen, Kohl, Chips.
GOSCHA Wer schmeißt Chips weg?
STEF Herzlichen Dank an ihn, den, der Chips wegschmeißt.
GOSCHA Dein Glühwürmchen flattert.
STEF Hier sind mehr Sachen, als wir mitnehmen können.
GOSCHA Ich will tanzen.
STEF Mit Schokolade.
GOSCHA Wir können eine Riesen-Party machen damit. Wollen wir?
STEF Ich kann nicht kochen.
GOSCHA Egal. Ich auch nicht. Wir tunken Chips in Joghurt und alles in den Backofen. Zwei Stunden backen.
STEF Rauchvergiftung am Qualm aus der Küche.
GOSCHA Bon appétit.

Sie schweben. Sie essen. Sie tanzen. Sie schweben.

STEF Das mit dem Edison.
GOSCHA Was?
STEF Vergiss das wieder, das ist überflüssiges Wissen.
GOSCHA Wieso?
STEF Das hat man nur, um sich selber fertig zu machen. Das brauchen wir nicht.

AFK

Su tippt schnell was ein, wenn Goscha eintritt.
Goscha liest vor.

GOSCHA Bin AFK. Sis is in.
Was ist AFK?
SU Away from Keyboard.
GOSCHA Und sis?
SU Du. Das bist du. Was geht?
GOSCHA Nur so. Wollte mal gucken.
Warum AFK?
SU Hä was?
GOSCHA Warum AFK sis in?
SU Du hast keine Zeit ganze Worte zu schreiben, wenn du grad auf Mission bist.
GOSCHA Klingt gefährlich.
SU Findest du Scheiße.
GOSCHA Ne. Ne, ich finds schade, dass ichs nicht verstehe. Deine Sprache da. Komm nicht mit.
SU Ist doch ganz einfach. Kürz einfach ab.

GOSCHA ILD

SU Ja. Nur besser ist, wenn du auf Englisch abkürzt. Kann sein, dass du mit jemandem aus Kalifornien sprichst oder Japan.

GOSCHA Imbd.

SU Imbd? Irelevant - modify - bad - keine Ahnung!

GOSCHA I am braindead.

SU Nee. Das gibt es nicht. Das kannst du nicht sagen. Die Abkürzungen gibt es schon, kannst jetzt nicht was total anderes daraus machen.

GOSCHA Ist halt ne Sprache, die ich lernen muss. Müsste.

SU Hat Mam doch auch gemacht eine Sprache gelernt und die war da schon alt.

GOSCHA Stimmt. Aber diese hier kann Mama auch nicht.

SU Ne. Die kann ja auch kein Englisch.

GOSCHA Wurde bei ihr in der Schule nicht unterrichtet. Das war so ein politisches Ding.

SU Ja. Ja. Und 2.0 – das gabs da noch gar nicht. Ich weiß.

GOSCHA Kannst du dir vorstellen, wie krass das sein muss für sie, dich nicht zu verstehen?

SU Die versteht mich. Voll.

GOSCHA Nur halb. Die muss eine Fremdsprache lernen, um dich zu verstehen und dann auch nur halb.

SU Habe ich doch gesagt. Du findest die Sprache scheiße, weil du es aber nicht sagen willst, sagst du es über Mama. Das ist voll gemein. Ma versteht mich sehr gut. Wenn du mir sagen willst, dass du was scheiße findest, dann mach doch! Du verstehst mich nicht. Das ist das Ding. Du. Nicht Mama. Du.

GOSCHA Was hab ich denn gesagt?

SU Und jetzt kommst du mir noch mit dem Vater, den sie verlassen musste und was sie alles durchgemacht hat und –

GOSCHA Wer macht das? Macht sie das?

SU Komm mir nicht mit ihr, okay? Du bist raus. Du bist hier gar nicht drin. Also quatsch mich nicht voll. Ma ist meine Familienangelegenheit.

Deutsch

GOSCHA Was ist deutsch?

STEF Auf so was geh ich nicht ein.

GOSCHA Ja ja, das darf man nicht fragen, aber ich tu es jetzt.

STEF Warum?

GOSCHA Weil ich glaube, dass ein Bild von mir gemacht wird. Damit Ihr Euch von mir abgrenzen könnt.

STEF Bier. Kartoffeln. Beamtentum.

GOSCHA Nimm das mal ernst.

STEF Kann ich nicht. Weil du sagst. Ich und ihr. Die und wir, das sind Kategorien, in denen ich nicht denken will.

GOSCHA Aber das ist real. Es gibt ein Bild von uns.

STEF Von wem genau?

GOSCHA Ich bin der Osten.

STEF Gehts ne Nummer kleiner?

GOSCHA Ich bin alles, wofür Deutschland nicht steht.

STEF Das machst du selbst. Das sind nicht die anderen. Du siehst dich als Opfer, so funktioniert das nicht.

GOSCHA Ich bin kein Opfer. Ich bin ein Stigma.

STEF Deutsch ist nicht. Das ist eine Konstruktion wie jede andere. So wie deine von dir und deinem Land.

GOSCHA Ich habe kein Land.

STEF Ist das dein Problem?

GOSCHA Nein, das ist eine Bereicherung. Ein Geschenk. Ich bin nicht zuzuordnen.

STEF Aber die Deutschen sind es.

GOSCHA Tu nicht so, als wüsstest du nicht, wovon ich spreche.

STEF Ich bin für Machen anstatt sich ständig damit zu beschäftigen, was andere von dir denken, wie sie dich brandmarken.

GOSCHA Und was machst du?

STEF Ich mache was.

GOSCHA Was?

STEF Mein Ding.

GOSCHA Dein Ding ist was?

STEF Bestimmt nicht Flaschenwerfen. Krawalltourismus. Wenn du das denkt.

GOSCHA Sondern?

STEF Ich schau mir an, was nicht stimmt und dann bereite ich mich vor.

GOSCHA Und wieso lässt du mich da raus?

STEF Weil es nur mein Ding ist.

GOSCHA Warum erzählst du es mir nicht?

STEF Ich will dich in nichts reinziehen.

GOSCHA So geheimnisvoll.

STEF Das ist eine andere Nummer als sich ständig Gedanken machen und ein wenig über die Politik verzweifeln.

GOSCHA Und was ist, wenn ich mehr will?

STEF Dann mach es. Red nicht drüber. Mach.

GOSCHA Das ist so typisch. Das ist deutsch für mich. Das ist Deutschland für mich. Dass man uns immer aus allem raushalten will. Ich komm nicht rein.

STEF Opfer.

GOSCHA Niemand gehört je dazu, niemand kommt je irgendwo rein, nur dass bei mir alle meinen zu wissen warum.

STEF Wer. Wer hat dir das gesagt? Wer behauptet so was?

GOSCHA Alle. Alle sagen das. Ich werd da nie reinkommen. Ihr lasst mich nicht rein. Du doch auch. Tu nicht so. Im tiefsten Inneren weißt du genau, ich gehöre nicht dazu.

STEF Du denkst, ich denke so?

GOSCHA Wodkatrinken. Beine wegschmeißen beim Tanzen. Lautsein. Das bin ich, ganz klar. Das ist doch auch dein Bild oder? Eine exotische Russin.

STEF Ja klar. Ich als Deutscher kann auch nicht mehr denken als das.

GOSCHA Dann erzähl mir, was du machst.

Wer du bist

STEF Ich dachte, ich könnte Ihnen erzählen –

LARISSA Du willst mir von meiner Tochter erzählen?

STEF Ja.

LARISSA Wie kannst du her kommen und mir etwas über meine Tochter erzählen wollen? Wie ihr Müll gesammelt habt? Oder euer Leben aufs Spiel gesetzt? Kommt zu mir und erzählt, dass sie mit einem Mann in den Schächten nachts auf Züge wartet. Ein erwachsener Mann. Sitzt bei mir am Küchentisch und erzählt, wie sie sich versucht umzubringen Nacht für Nacht. Und jetzt habe ich das Gesicht dazu. Du.

STEF Ich dachte. Vielleicht können Sie mir –

LARISSA Kann ich nicht.

STEF Ich habe versucht sie – Das ist, ich will nicht sagen Unfall, aber das ist –

LARISSA Was hast du versucht?

STEF Sie wollte was anderes machen. Was Neues.

LARISSA WAS HAST DU VERSUCHT

STEF Ich komme, um zu sagen, ich habe Ihre Tochter geliebt.

Lücke

Stef und Goscha an einer U-Bahn Station. Starren lange auf die Anzeige.

STEF Neun Minuten.
GOSCHA Ist es genug?
STEF Eigentlich ja.
GOSCHA Eigentlich?
STEF Die Anzeige könnte auch falsch sein. Es könnte mehr sein. Oder weniger.
GOSCHA Was heißt das.
STEF Bis zur nächsten Station ist es auf jeden Fall länger als 10 Minuten, auch wenn du rennst.
GOSCHA Neun.
STEF Neun. Wir müssen jetzt entscheiden, wer vorläuft. Wer welche Lücke nimmt. Du läufst. Du läufst und siehst die Bahn, du siehst sie relativ weit, wenn es keine Abbiegung gibt. Aber du hörst sie in jedem Fall. Also eigentlich - kann nichts passieren. Es ist keine Zeit zu entscheiden, dort zu entscheiden, wer zu welcher Lücke läuft. Entweder du oder ich. Du stellst dich rein. Du presst dich rein, pass auf die Hände auf.
GOSCHA Und auf meine Nase.
STEF Wieso Nase?
GOSCHA Weil die so groß ist.
STEF -
GOSCHA Scherz.
STEF Ich laufe vor. Ich laufe vor zur nächsten Lücke. Du nimmst die erste, die kommt. Sobald du

die Bahn hörst oder siehst, läufst du zurück und presst dich rein. Geh nicht auf den Schienen.

GOSCHA Nuckel nicht am Daumen.

STEF Wir können auch zurückgehen.

GOSCHA Du verstehst keinen Spaß.

STEF Das hier ist Spaß.

Er rennt los.

GOSCHA Hey! HEY
Das ist nicht fair!
Warte –
Sie hinterher.

Von ihm

Goscha bastelt irgendwas. Su spielt Wii. Simulierter Sport: »boxen« – sie siegt. Zweite Runde. Sie verliert. Fällt um, steht auf. Ski fahren.
Golf spielen, Schwimmen, Hochsprung, Tennis, Balanceübungen.
Larissa.

LARISSA Das kenn ich noch gar nicht. Ist das Skateboardfahren?

SU Was? Nein.

LARISSA Auf Wasser? Dieses Ding, wie ist das, so eins, was der kleine Bär bei Captain Balu fliegt?

SU MAMA! Lenk mich nicht ab! Das ist wichtig hier.

LARISSA Wie heißt er noch mal – Kit? Heißt er Kit?

SU MAMA!

LARISSA Er fliegt durch die Luft auf so einem Bumerang. Er ist mit einem Seil an das Flugzeug angebunden und fliegt durch die Luft. Genau so sieht das aus, was du da machst.

SU Toll.

LARISSA Erinnerst du dich an Captain Balu?

GOSCHA Haben wir zusammen geguckt, Su. Da warst du noch ein Baby.

SU Toll. Wie soll ich mich daran erinnern, wenn ich noch ein Baby war?

GOSCHA Ich dachte, du erinnerst dich an alles, was über einen Bildschirm läuft.

SU HDF

GOSCHA HDL

LARISSA Wollt ihr was essen?

GOSCHA Ich esse wo anders.
Aber danke.

SU Ich esse wo anders –

GOSCHA Ja. Was dagegen?

SU Nö –

GOSCHA Sprich mit mir, wenn du mit mir sprechen willst, aber starr dabei nicht den Fernseher an.

SU Please –

GOSCHA Da fühl ich mich nicht angesprochen.

SU Bist du ja auch nicht.

LARISSA Mädchen?

SU/GOSCHA Ja?

LARISSA Wollt ihr was essen?

SU AHH SHIT SHIT SHIT Na danke. DANKE. Jetzt ist meine Balance im Arsch.

GOSCHA Na jetzt, wo deine Balance eh im Arsch ist – Wie heißt er denn?

SU Was? Wer?

GOSCHA Na komm, raus damit.

SU Mama!

GOSCHA Habs auch so gesehen. Ohne Mama.

LARISSA Ich habe nichts gesagt.

GOSCHA Ich ein bisschen – du ein bisschen.

SU Wir sind nicht zusammen.

LARISSA Geht ja auch nicht. Er ist doch im Internet.

SU Sein nick ist Fritz.

GOSCHA Sein Spitzname Stef.

SU Er ist immer online im SchülerVZ. Auch nachts. Und er redet viel.

LARISSA Nachts!

GOSCHA Er containert.

SU – ?

GOSCHA Er nimmt Essen aus den Mülleimern von Geschäften. Das, was noch verschlossen ist. Das gute Essen, das die Filialchefs wegschmeißen, um am nächsten Tag neues in die Regale zu legen.

LARISSA Verrückt geworden?

SU Ist das nicht gefährlich?

GOSCHA Hier nicht. In England – da kippen sie Gifte in die Container, damit man nichts rausholt. Aber in Deutschland ist das verboten.

SU Und ist das nicht eklig?

GOSCHA Das ist dasselbe Essen, was du im Kühlschrank hast, nur dass man nichts dafür bezahlen muss.

LARISSA Hast du kein Geld?

SU Fritz und ich, wir haben uns mal in Guild Wars getroffen, aber er hat mich total lange nicht erkannt, weil ich mich als Junge erschaffen habe. Und da konnte ich ihn beobachten, seine Moves und so. Er war ganz schön überrascht, als ich ihn dann ansprach.

GOSCHA Warum als Junge?

SU Ist doch viel cooler.

GOSCHA Das stimmt.

SU Die anderen sind gleich nicer.

GOSCHA Stef und ich treffen uns bei den U-Bahnschächten.

SU In welchem Spiel?

GOSCHA Bei den echten. Und dann laufen wir durch die Tunnel, bis die Bahn kommt. Und dann pressen wir uns an die Wände und spüren die fahrenden Wagons an der Nasenspitze und Fingern.

SU Wie. Bei den echten?

GOSCHA Wir halten uns zuerst an den Händen und dann läuft er vor. Bis zur nächsten Lücke, in die er sich stellt. Nachts fährt die Bahn nicht so häufig, da hast du Zeit.

SU Fritz und ich haben den letzten Weapon Record gebrochen.

GOSCHA Mama?

SU Warum weinst du jetzt?

Feiern

GOSCHA Ich habe Hunger.

STEF Ist nichts mehr da. Jedenfalls würde ich das nicht mehr essen.

GOSCHA Ich muss was essen jetzt!

STEF Wir können doch gleich los. Holen.

GOSCHA Ja, Entschuldigung, dass ich noch nicht der Neumensch bin, der ohne Essen auskommt!

STEF Bist du immer so, wenn du hungrig bist?

GOSCHA AH FUCK

STEF Ist es so schlimm?

Pause.

GOSCHA Das ist doch Scheiße so etwas. Warum muss ich immer so etwas machen?

STEF Wie. Immer?

GOSCHA Aber wir sind uns doch einig oder? Ich mein.

STEF Du meinst?

GOSCHA Es ist nichts Sexuelles.

STEF Was ist es dann?

GOSCHA Ist es schon, aber anders als bei den anderen, können wir nicht einfach sagen, wir sind wichtiger als das? Und ich will nicht, dass du jetzt denkst, ich steigere mich in irgendwelche Konstrukte rein, weil tu ich nicht, denke nur, will nicht, dass du mich jetzt in Kategorien einteilst und Angst hast vor meinen Gefühlen, etwas falsch zu machen, weil das musst du nicht –

STEF Goscha. Jetzt wart doch mal. Warte. Ich hab schon verstanden. Wir müssen nicht darüber – Du musst das jetzt alles nicht.

GOSCHA –

STEF –

GOSCHA Ich habe Hunger.

STEF Gehen wir holen? Die neuen Container von METRO sind so riesig, ich würde am liebsten einen ganzen mitnehmen. Wegschieben.

GOSCHA Überfluss gegen den Überfluss. Gibt es Kaviar?

STEF Oh bitte, wenn du Kaviar findest, hol ihn nicht raus!

GOSCHA Ha. Ha. Das Obst, das du gebracht hast, ist auch richtig eklig.

STEF Kann dir keinen Lachs bieten.

GOSCHA Musst mir nichts bieten. Bist du verrückt. Geht das schon los? Dass du jagen gehst und ich in der Höhle auf dich warte und Müll koche? Kann mir selber was zu essen holen, brauche dich nicht.

STEF Na dann.

GOSCHA Ich nehme Bestellungen auf. Sie wünschen?

STEF Weintrauben.

GOSCHA Ha.

STEF Schinken. Yoghurt. Dessert.

GOSCHA Wenn ich den Milchreis von Müller container – ist das auch Unterstützung des Konzerns? Kann dein Magen das verdauen?

STEF Mein Magen verdaut alles, was nicht länger als ein Monat abgelaufen ist.

GOSCHA Dann gibt es Zimt-Kirsch.

STEF Und Brot.

GOSCHA Ein mal Brot ohne Schimmel. Schinken. Weintrauben. Was feiern wir?

STEF Dass du lebendig zurückkommst.

GOSCHA Arschloch.

Völlig real

Su. Goscha.

SU Ein Junge.
Da ist ein Junge, der im Internet lebt. Es war mal ein kleiner Junge. Dem hab ich zugeschaut. Ein kleiner Junge im Internet, der von sich selbst sagt »Ich bin virtuell. Zu 80 Prozent bin ich online.« Die anderen lachen ihn aus. Er tut alles, was die anderen auch tun, aber diese virtuelle Welt, für die er sich entschieden hat, ist genau so wie die andere auch. Die anderen haben beschlossen über ihn zu lachen. Er ist auserwählt. Online hat er keine Pickel und komischen Haarwuchs am ganzen Körper. Er ist nicht dick und unsportlich. Online ist er ein Soldat. Killer. Ein Titan oder Elfe. Er tut alles, was die anderen auch tun. Er spielt Egoshooter, Fantasy und Strategie. Er spricht mit Leuten weltweit. Und all diese Leute lachen über ihn. Er besucht Foren. Egoshooterforen. Fantasyforen. Strategiespieleforen. Er besucht Selbstmörderforen und

diskutiert mit. Er droht sich umzubringen. Er tut alles, was die anderen auch tun. Und die anderen – sie lachen.
Dieser Junge. Der kleine Junge, der von sich selbst sagt, »Ich bin virtuell. Zu 80 Prozent bin ich online.« Der durchsucht das Haus seiner Eltern. Das Schlafzimmer seiner Eltern. Nach Tabletten. Den Medizinschrank. Die Hausapotheke. Die Vorräte der Mutter in der Küche. Der Junge geht zu sich ins Zimmer und legt sich aufs Bett. Er geht in sein Zimmer, dreht seinen Monitor so, dass die Webcam ihm dabei zuschaut wie er alles nimmt, was er gefunden hat, Schlafzimmer, Medizinschrank, Hausapotheke. Er legt sich aufs Bett und schluckt alles auf einmal. Und dann legt er sich hin auf sein Bett.
Die Liveschaltung machte eine so schnelle Welle in den Selbstmörderforen, eine so schnelle Welle um die ganze Welt, dass die Server fast zusammenbrachen.
Der Junge hatte es geschafft. Die ganze Welt schaute auf ihn und sie brach fast zusammen dabei. Alle starrten auf den bewegungslosen Körper des kleinen Jungen auf dem Bett.
Eigentlich war alles sehr unspektakulär. Der Junge zuckte nicht, er würgte nicht, er hätte auch schlafen können. Aber dieses eine mal machte die Welt etwas anderes als lachen. Sie schaute ihm zu. Sie schaute seinem live übertragenen Tod zu. Ich schaute ihm zu.
Die Überlastung der Server wurde von den ver-

antwortlichen Betreibern zu spät registriert. Als die Seite blockiert wurde und Polizisten und Rettungssanitäter das Haus der Eltern des Jungen stürmten, die zuhause waren, war er schon tot.

GOSCHA Su?

SU Ja.

GOSCHA Su? Guck mich an.

SU Ja.

GOSCHA Das ist krank.

SU Was?

GOSCHA Su, der ist real, der Junge da.

SU Nein. Der ist tot.

GOSCHA Ja. Der ist real tot. Und du hast das gesehen.

SU Ja.

GOSCHA Su.

SU Ja?

GOSCHA Wollen wir. Willst du darüber. Kann ich was machen?

SU Ich geh heute weg.

GOSCHA Wollen wir was zusammen machen vielleicht? Hast du Lust? In der realen Welt was zu machen? Mit mir?

SU Komm mir nicht so. In der realen Welt. Als ob du da lebst. Lass mich in Ruhe.

GOSCHA Das sollte nicht so. Das meine ich nicht. Ich will dich nicht beleidigen.

SU Ich geh heute weg. Aus. Mit meinen Freunden. Völlig real. In eine Disko. Realer als du. Das ist realer als du und dein komisches Leben mit

durch den U-Bahn Schacht rennen, ist das normal, was du machst, willst du mir sagen, das ist normal oder was? Ich gehe aus. Falls du dir plötzlich hier Sorgen machst und alles, jetzt plötzlich um deine kleine Schwester, musst du nicht, weil ich gehe mit meinen total realen Freunden aus, tanzen.
Reale Freunde, die du nicht hast.

PLZ

Su. Larissa.

SU Das trägt man heute so.
LARISSA Ich sage doch nichts. Ich finde das gut, wenn Mädchen sich schminken.
SU Nicht so wie Goscha?
LARISSA Sich hübsch machen. Was aus sich machen. Nicht vergessen, dass sie Frauen sind. Man kann doch ruhig zeigen, dass man etwas Besonderes ist.
SU Wenns später wird, sims ich dir okay?
LARISSA Okay.
Wenn du Lippenstift willst, nimm einen von meinen.
SU Nee. Hab doch schon.
LARISSA Für die Zukunft.
SU Cool. THX.
LARISSA THX.
SU Nee, du musst jetzt welcome sagen oder PLZ.

LARISSA PLZ.

SU Wie Pilz ausgesprochen. Geht besser.

LARISSA Und was sage ich dann?

SU Hat Goscha früher auch deinen Lippenstift benutzt?

LARISSA Ja. Ich denke schon. Sie hat ihn mir aber geklaut. Ich glaube, das war wichtig, sie hat ihn heimlich genommen. Hätte sie gewusst, dass ich nichts dagegen habe, hätte sie kein Interesse daran gehabt. Sie war so alt wie du jetzt.

SU Ja. Aber ich werde nie im Boyfriend Look rumlaufen.

LARISSA Hm?

SU Das ist scheiße so was. Ich vergess schon nicht, dass ich eine Frau bin.

LARISSA Eine ganze Frau. Seh schon.

SU Keine Ahnung, was mit ihr ist.

LARISSA Ich weiß schon, was es ist.

SU Aber sag jetzt nicht, sie macht alles nur, um dich zu ärgern.

LARISSA Ich erzähle dir eine Geschichte.

SU OMG.

LARISSA Zwei junge Männer unterhalten sich.

SU Maaam –

LARISSA Fragt der eine den anderen: Soll die Frau, die du heiratest klug sein oder schön? Und der andere antwortet: Schön natürlich! Sie soll die Schönste auf der ganzen Welt sein. Und der erste sagt, meine soll aber die Klügste sein auf der ganzen Welt. Der zweite erstaunt: Warum?! Na weil, antwortet der erste, wenn sie die Klügste ist auf der ganzen Welt, kann sie einfach alles tun. Alles was sie will. Also auch die ganze Welt glauben machen, dass sie die Schönste ist.

SU Aha.

LARISSA Verstanden?

SU Nö. Ist das so was wie ein Witz?

LARISSA Was ich dir sagen will, ist - ich habe diese Geschichte Goscha erzählt als sie ganz klein war, kleiner als du.

SU Und?

LARISSA Und ich denke, sie hat beschlossen, die klügste Frau auf der Welt zu werden.

SU Aha. Versteh ich nicht. Das heiß Öko oder wie?

LARISSA Sie versucht auf ihre eigene Weise schön zu sein.

SU Willst du sagen, weil sie nicht schön ist?

LARISSA Goscha ist Goscha. Die ist eben nicht wie im Fernsehen.

SU Ja okay ich geh dann mal -

LARISSA Habe ich etwas Falsches gesagt?

SU Nein. Ich bin spät dran. Sorry. Wollten noch was trinken gehen vorher.

LARISSA Nimm noch einen Lippenstift. In der Kommode hinter der Badtür.

SU Ich weiß, wo die liegen. Danke.

LARISSA Pilz.

SU Was?

LARISSA Pilz. War das falsch?

SU Nein. Es war verdammt cool.

Su geht.

LARISSA Verdammt cool.

Verschonen

GOSCHA Wir werden vollgestopft. Das ist Strategie. Wir sind voll. Mit diesem ganzen überflüssigen Essen. Mit dem ganzen überflüssigen Wissen. Ich weiß so viel Dreck, den ich gar nicht brauche. Ich bin vollgemüllt, Mama. Überfluss! Das ist doch der Grund, warum ihr den Westen gehasst habt. Du müsstest das sehen, was da in den Containern ist: Obst, Gemüse, Käse. Ganze Packungen, noch zugeschweißt.

LARISSA Wir haben den Westen nicht gehasst.

GOSCHA Ich fühl mich wie ein Container, in den man den ganzen Überfluss reingekippt hat.

LARISSA Habe ich dich mit Müll voll gemacht?

GOSCHA Containern gibt mir das Gefühl endlich etwas richtig zu machen. Ich versuche da was Anderes.

LARISSA Was anderes als was? Als das, was ich mache?

GOSCHA Warum muss immer alles mit dir zu tun haben?

LARISSA Ich habe irgendetwas verpasst. Ich habe irgendetwas verpasst in deiner Erziehung.

GOSCHA Tut mir leid, wenn du dich immer mit dem deutschen Mittelstand solidarisieren musst, aber vielleicht wird es Zeit einzusehen, dass wir nichts damit zu tun haben.

LARISSA Und womit haben wir was zu tun? Mit Müll?

GOSCHA Du versuchst so sehr dazuzugehören, aber warum?

LARISSA Habe ich dich hergebracht, damit du den Sozialismus ausrufst?

GOSCHA Was hat das jetzt mit Sozialismus zu tun?

LARISSA Was hat das mit den Deutschen zu tun?

GOSCHA Du hast mir auf die Finger gehauen, wenn ich Brot weggeschmissen habe.

LARISSA Ich habe dir auch auf die Finger gehauen, wenn du im Müll gewühlt hast.

Pause. Ziemlich lang.

LARISSA Wer ist Fritz der Kater?

GOSCHA Ist das Thema jetzt beendet oder wie?

LARISSA Susanna ist weg. Wer ist Fritz der Kater?

GOSCHA Fritz the cat.

LARISSA Verschone mich mit deinem Englisch. Sie hat nicht Zuhause geschlafen. In der Schule war sie nicht.

GOSCHA Und du denkst natürlich jetzt - es ist etwas passiert. Es kann natürlich nicht sein, dass sie einfach bei einer Freundin ist.

LARISSA Natürlich kann das sein.

GOSCHA Aber? Es wäre zu einfach. Zu unspektakulär -

LARISSA Wie war das?

GOSCHA Du denkst, du bist hier angekommen? Du hast dein sowjetisches Dorf mit deinem sowjetischen Aberglauben und deiner Angst vor allem hierher verschleppt. Wie ne Krankheit. Die Platte, den 10. Stock und die Fixer im Treppenhaus und die Penner vor der Tür und die Kidnapper am Waldrand – hast du alles mit. Hierher. Glückwunsch, bist weit gekommen. Willkommen in Deutschland. Hauptsache, das Geld stimmt.

LARISSA Ich möchte, dass du meine Küche verlässt.

GOSCHA Ah. Klar. Und was willst du machen? Willst du die Bullen rufen? Was willst du ihnen sagen? Ich glaube, meine Tochter hat einen Lolli von einem Fremden angenommen und jetzt hängt sie im Wald kopfüber?

LARISSA Ich möchte. Dass du gehst.

GOSCHA Klar. Ich gehe nach Hause.

LARISSA Geh. Jetzt.

http://www.youtube.com

Goscha vor Stefs Laptop. Youtube. Zu erst Lachen. Klicken. Suchen. Lachen. Irgendwann starrt sie lange auf den Schirm. Sie steht auf, nimmt den Laptop und haut ihn mehrmals gegen die Tischplatte.
Stef kommt rein.

STEF SPINNST DU?

GOSCHA DAS IST DEUTSCHLAND HIER DAS IST DEUTSCHLAND HIER

STEF Komm runter! Gib mir meinen Laptop!

Es entsteht ein Handgemenge, eine Prügelei, sehr körperlich.

GOSCHA Das ist unglaublich! Was der Typ von sich gibt! Der ist Minister!

STEF Ich habe dir nicht den Link geschickt, damit du mir alles klein haust!

GOSCHA Stef, wir müssen was machen. Mann.

STEF Erst mal klarkommen.

GOSCHA Das ist eine Pressekonferenz. Real. Das ist jetzt. Wir müssen was machen!

STEF Gib mir bitte meinen Laptop –

GOSCHA Ich werde dieses Arschloch Zuhause besuchen. Ist bestimmt einfach rauszukriegen, wo er wohnt oder?

STEF GOSCHA KOMM KLAR

GOSCHA Was klarkommen. WAS KLARKOMMEN. Wie kommst du eigentlich klar? Ihr mit euerem klarkommen. Opfer. Heuchler.

STEF Das ist nicht persönlich.

GOSCHA Für dich ist das nicht persönlich. Dieser Typ da hat für mich Konsequenzen.

STEF Was ist jetzt anders als vorher?

GOSCHA Weißt du, was sie meiner Ma erzählt haben, als sie herkam? Sie hat sich jahrelang den Arsch aufgerissen. Umsonst gearbeitet. Als Ärztin im Krankenhaus umsonst. Kennst du Deutsche, die so etwas machen würden? Tag und Nacht. Damit der Wichser von Chef ihr dann ins Gesicht BEVOR NICHT DER LETZTE DEUTSCHE ARZT EINEN ARBEITSPLATZ GEFUNDEN HAT, WERDE ICH PERSÖNLICH DAFÜR SORGEN, DASS SIE KEINEN KRIEGEN. Genau das sind die. Die sind so. Alle. Dieses Deutschland bin ich nicht. Dieses Deutschland bin ich nicht.

STEF Das bringt es jetzt nicht. Wie willst du was machen, wenn alles dich persönlich ankratzt? Du bist jetzt schon fertig. In den vier Wänden kannst du schon nicht mehr. Wie willst du da auf die Straße?

GOSCHA Soll ichs dir zeigen?

STEF Ja. Dann mach doch. Hör auf zu quatschen und mach.

GOSCHA Mach ich auch.

STEF Na dann ist gut.

GOSCHA Überall können sie Revolution machen. Autos anzünden. Menschen anzünden. Nur hier nicht.

STEF Dein Problem bin ich nicht. Du hast dir einen Feind gebaut, aber dann schrei mich nicht an.

GOSCHA Ich will was machen, Stef.

STEF Was machen geht nicht so einfach.

GOSCHA Wieso nicht? Wieso denn nicht?!

In der U-Bahn, drei

GOSCHA Angst. Diese Angst. Diese Allgegenwärtige. Wohin. Wohin mit dieser Angst? Entschuldigen Sie bitte, haben Sie auch so viel Angst? Nein? Könnten Sie meine mal kurz halten?
Heuchler.
Heuchler. Opfer. Feigling.
Ich nehm das jetzt selbst in die Hand. Lügner. Angsthasen. Höriges Volk. Was ist das für eine Kultur der Denker und Schisser. Könnt nachts

ruhig schlafen, wenn ihr euch genug Nachrichten reingepfiffen habt, um zu wissen, das Elend ist schön weit weg und hat einen exotischen Namen.
Redet doch. Redet, bis ihr euch einig seid, dass man miteinander reden muss, was kann man sonst noch machen in dieser Welt der Ungerechtigkeit, ist wichtig, dass wenigstens man selbst stimmt. Also stimmt ihr ab. Für das Bürgertum. Für plus gegen Steuern und am besten Urlaub in irgendeiner Kolonie und für auf jeden Fall Ausländer raus, aber nur die Bösen und für das Wohl der Gemeinschaft. Was ist das denn für eine Gemeinschaft? Kann mir die mal einer erklären?
Ihr mit eurem Zögern. Ihr mit euren ständigen Schuldgefühlen. Mit eurem Leitkulturdenken. Na dann leitet mich mal. Leitet mich. Wo geht's lang? Wo fahren wir hin? In eine goldene Zukunft. Schwarz, rot, gold. Wollt ihr mir vielleicht Deutsch beibringen? Reinheit der Sprache? Ich soll Hochdeutsch sprechen? Ja? Wo wird denn das gesprochen? Ich würde gern rein denken. Kann mir da einer helfen? Deutschseinkultur? Wie ist die so? Kann mir das hier einer mal beibringen bitte, weil ich würde unheimlich gern mal in eurem Verein mitmachen, aber ich befürchte, ich bin noch nicht kompatibel.
Ich kenne alle Regeln. Das tu ich. Ich gehe regelmäßig zum Zahnarzt. Zum HNO. Zum Haut. Checke mich durch. Check. Check. Checke mein Hirn.

Ich kenne noch eine Regel: Das Boot ist voll. Aber ich weiß, dass ich drin bin, mit euch zusammen. Na was für ein Glück. Wir sind eins. Wir sind eine Einheit. Eine Gemeinschaft. Das ist wichtig. Das brauchen wir. Damit wir überleben. Unsere Spezies.
Diese Kategorien, um mich einzuordnen, festzumachen – habe ich alle drauf.
Wagt ja nicht wegzugucken.
Schaut mich an.
IHR GUTMENSCH IHR

MitteEndeIrgendwo

Larissa. Stef.
Goscha. Irgendwo. Zu Larissa.

STEF Sie hat Susanna sehr geliebt.
LARISSA Sie hat so weitergemacht wie bisher.
STEF Die ist fast verrückt geworden darüber.
LARISSA Sie ruft mich an und ist betrunken und spielt mit mir. Spielt mit dieser Angst, dass ich schon eine Tochter vermisse, mit der Gefahr, dass ihr etwas passieren könnte und lacht. Und lacht dabei.

Goscha lacht.

STEF Das glaube ich nicht.
LARISSA Ich war dabei.

GOSCHA Es tut mir leid, ich wollte dir etwas Wichtiges sagen.

STEF Ich habe noch nie jemanden gesehen, der so lieben kann.

LARISSA Um diese Uhrzeit?

GOSCHA Mam, ich wollte dir was sagen. Das mit Susanna –

LARISSA Was ist mit Susanna? Was ist passiert?

GOSCHA Mam, ich habe da etwas verstanden, glaube ich, etwas sehr Wichtiges, ich will dir das jetzt noch kurz sagen, okay? Ich weiß, du musst morgen früh raus – Mam, ich liebe dich.

LARISSA Goscha. Bist du betrunken?

GOSCHA Mam –

LARISSA Goscha, bist du um diese Uhrzeit allein auf der Straße? Betrunken?

GOSCHA Ich glaub, ich weiß, wo Su ist.

LARISSA WAS was redest du da?

GOSCHA Ihr ist nichts passiert. Das will ich dir noch sagen, weil ich will nicht, dass du Angst hast, weil ich glaube, die ist einfach rübergegangen in ihre Welt, verstehst du, die ist wo anders jetzt, die hat keinen Bock auf Deutschland und die ist online jetzt, im Computer. Die ist weg. Aber ihr ist nichts passiert, verstehst du mich? Mam.

LARISSA Willst du bei mir schlafen? Du kannst herkommen. Ich mach das Bett hier im Wohnzimmer oder du kannst auch bei mir im Bett –

GOSCHA Das klingt krank, ich weiß das, aber es ist wichtig, dass du mir glaubst, dass du wenigstens in Betracht ziehst, dass es möglich ist, weil wenn du nur anfängst umzudenken, scheint alles so logisch, Mama. Su ist nichts passiert. Es geht ihr gut, Mama. Es geht ihr gut.

LARISSA Ich weiß.

GOSCHA Nee, nicht so. Es ist wichtig, dass du mir glaubst. Ich bin nicht betrunken. Es ist jetzt wichtig, dass du mich ernst nimmst. Jetzt. Bitte. Pass auf, ich kann dir das zeigen im Internet, es geht. Du denkst, ich bin betrunken. Aber hätte ich dir vor zwanzig Jahren gesagt, dass ich mit einem Handy –

LARISSA Goscha, es ist spät. Ich muss morgen früh raus.

GOSCHA Ich weiß.

LARISSA Willst du her kommen? Wir können noch einen Tee –

GOSCHA VERDAMMTE SCHEISSE NOCH MAL BITTE KANNST DU MIR ZUHÖREN NUR DIESES EINE MAL WIRKLICH ZUHÖREN UND GLAUBEN, DASS ICH NICHT TOTAL VERRÜCKT UND ALLES, WAS AUS MIR RAUSKOMMT SCHWACHSINN Ich mein das ernst, ich will dir helfen, ich will uns helfen, verstehst du das? Ich habe recherchiert. Ich habe was verstanden. Alles ist gut.

LARISSA Ich will nicht, dass du mich anrufst – In so einem Zustand – Ich habe das nicht verdient. Nicht von meiner eigenen Tochter. Das habe ich nicht verdient.

GOSCHA Jetzt komm mir nicht damit ICH BIN NICHT BETRUNKEN VERDAMMT NOCH MAL ich bin glücklich und will das mit dir teilen, geht das nicht oder was?

LARISSA Dass du das wagst.

GOSCHA Was wagen? Was wagen? Dass ich mit dir offen rede mal? Ich sage dir, ich liebe dich und du fragst, ob ich getrunken habe.
Ich liebe dich.

LARISSA Was ist nur mit dir los?

GOSCHA Bitte. Hier. Ich sag das so oft, bis du mir glaubst.
Ich liebe dich. Ich liebe dich. Ich liebe dich. Ich liebe dich. Ich liebe dich. Ich liebe dich.

LARISSA Ich glaube dir.
Geh nach Hause. Schlaf dich aus.

GOSCHA Ich will doch nur – Scheiße, Mama, du hast mir gar nichts –
Mama?
Hallo?
Goscha setzt sich.
Ich wollte dir noch was sagen. Ich wollte sagen – danke. Ich mein, ich weiß, ich habe keine Chance, dass du mich richtig verstehst. Warum machst du es mir immer so schwer?
Du glaubst mir nicht, dass ich sehe, was du alles getan hast für uns. Su und mich. Tu ich aber. Kann dich nur nicht in den Arm nehmen, weil du mir eh nicht glauben wirst. Auf einen Tee vorbeikommen. Ja. Genau.
Als hätte ich meine Chance vertan, das gut zu finden, wie du lebst. Weil. Du glaubst mir eh nicht. Weil. Du glaubst dir ja selbst nicht.

Lego legen

GOSCHA Ich wäre gern klüger.
Ein bisschen wenigstens. Irgendwann habe ich das gedacht. Ist mir aufgefallen. Ich habe jetzt ein Ziel. Ich werde klüger werden.

STEF Du und deine Trips.

GOSCHA Ich wäre gern klüger. Ich wäre gern –

STEF Ja, jetzt komm. Mach dich nicht selbst zum vertriebenen Volk.

GOSCHA Wie bitte?

STEF Du Möchtegern-Palästinenserin du.

GOSCHA Was hast du jetzt für einen Knall?

STEF »Ich will was machen. Ich will was machen… Aber was nur?«

GOSCHA Wie bitte?

STEF »Theoretisch will ich was machen, aber ich habe Angst vor den Konsequenzen…«

GOSCHA Ich habe nicht gesagt, ich habe Angst vor den Konsequenzen, ich habe gesagt, es fällt auf meine Ma und Schwester zurück. Das will ich nicht.

STEF Gibt es dich auch ohne deine Ma und Schwester?

GOSCHA Denkst du, ich habe Angst?

STEF Ich denke, dass du nicht wirklich etwas machen willst außer dich ein wenig hübsch ärgern.

GOSCHA Was macht dich besser?

STEF Ich tue was.

GOSCHA Auch nur in deinem Kopf.

STEF Ich riskiere was.

GOSCHA Was, eine kleine Explosion, ein wenig Sachbeschädigung und den Ruhm des neuen Baader?

STEF Du trägst deine Geschichte vor dir her wie eine Entschuldigung für alles, was du nicht tun willst. Bastelst dir dein Lego-Deutschland, so wie es dir passt. Du wirst nie wirklich was tun, weil dir geht es eigentlich um deine kleine Familie.

GOSCHA Du meinst, du darfst alles, weil du dich zum Schämervolk zugehörig fühlst, darfst du über mich urteilen, nur weil du dich schon am frühen Morgen beim ersten Blick in den Spiegel schämen darfst. Dein einziges großes Problem ist doch, dass du weiß bist und männlich.

STEF Ja, bitte diese angelesenen Beschimpfungen. Intellektuellenschrott.

GOSCHA Die ist allein hergekommen. Mit uns zwei. Gab nichts zu fressen. Da ist dein Containerfraß ein Geschenk dagegen.

STEF Mach das nicht.

GOSCHA Mit zwei kleinen Kindern, das eine noch Säugling. Das andere scheißt sich auch noch ein, weil alleine in Kauderwelschwelt. Von Pa weg. Hätte ich wissen können mit den acht Jahren, dass er gesoffen hat. Für mich war Familie – Das machst du einfach. Und sie hat acht Jahre Alk und Prügel durch gestanden, um uns herzubringen und ist jetzt hier. Und ist allein. Mit zwei schreienden, scheißenden Kindern, die den Vater vermissen und das heimische Essen wollen und nicht den neuen Fraß.

STEF Das ist mein Lieblingsklassiker: die harte Kindheit und der Schlägervater.

Goscha schlägt Stef. Er schlägt zurück. Sie ringen. Pause. Goscha lacht.

Eine Welt, die sie mehr mag

GOSCHA Ich habe eine Theorie. Da. Ich habe eine Theorie. Das war kein Kidnapper. Kein Vergewaltiger. Verkokster Kinderfickerspinner. Su ist nichts passiert. Su ist heile. Ich habe dieses Gefühl. Ganz bestimmt. Ist ihr nichts passiert. Ich habe da von einem Typen gehört, der ist schon ziemlich alt und ziemlich reich und haut seine ganze Kohle in die Forschung für die Einspeisung von Biomaterial in den Computer. Also, er will sich irgendwie ins Internet rüber transportieren, an ein Kabel anschließen und dann unsterblich sein. Unendlich halt. Ich stelle mir vor, Su ist ein verpixeltes Mondgesicht mit zwei Zöpfen und einem schwarzen Balken als Lächeln. Augen sind so groß wie der Körper, sie gibt synthetische Geräusche von sich, Bewegungen abgehackt. Sie ist Su im Cyberspace. Hihi. Hihi. Sie ist einfach rübergegangen in die Welt, die sie mehr mag als die hier. Wäre doch möglich oder? Sie ist einfach schwups und in die Megabyte Welt als Junge, weil das cooler ist. Ich habe sie mal gefragt, warum Junge und sie sagt, dann mögen mich die

anderen mehr. Ich weiß gar nicht. Weiß nicht, ob es in der Schule schlimm für sie war. Ob sie cool war in der Schule, ich habe keine Ahnung. Muss ja auch nicht gleich was heißen oder? Wenn man die ganze Zeit vor dem Rechner sitzt, muss ja nicht alles so sein. Muss ja nicht immer alles so sein, wie meine Mutter das sagt. Ihr ist nichts passiert. Sie hat sich nur eine andere Welt ausgesucht. Eine bessere. In der passiert ihr nichts. Da hat sie tausend Millionen Lebenspunkte.
Goscha weint.
Ist alles möglich heute.
Dass ihr nichts passiert ist.
Goscha schreit.

Spielchen spielen

Goscha lässt sich von Stef in einem Einkaufswagen durch eine leere U-Bahn fahren. Hin und Her. Ziemlich schnell.

GOSCHA Meine Damen und Herren! Hier eine Freakshow! Nur für Sie! Vorsicht! Vorsicht mit den Füßen! Das Produkt all Ihrer Überzeugung. Ich bin all das, woran sie glauben! Wollen Sie mich? *Sie versucht im Einkaufswagen zu balancieren.* Ist das nicht toll? Stef, guck mal, ist das nicht toll? Wollen Sie mich? Lieben Sie mich? Lieben Sie mich! Nun lieben Sie mich doch!
STEF Ich bin müde. Jetzt will ich.

GOSCHA Ne, mein Wagen.

STEF Lass mich auch mit rein, wir können ja zusammen –

GOSCHA Und wer fährt uns?

STEF Wir machen das wie in einem Boot, aus einem Boot heraus rudern.

GOSCHA Nee.

STEF Hey –

GOSCHA Hier kommst du nicht rein. Das ist meins. Das ist nicht einfach so. Für jeden. Was kannst du denn vorweisen, was dich qua-li-fi-ziert?

STEF Dass ich den Einkaufswagen gefunden habe zum Beispiel.

GOSCHA Geklaut.

STEF Geklaut und runtergetragen in die Bahn.

GOSCHA Damit weist du dich aus als Arbeitskraft, du bist mein Sklave.

STEF Und du bist die herrschende Oberschicht, oder was?

GOSCHA Ich bin der Wert.

STEF Eine Dose Thunfisch bist du, das bist du.

GOSCHA Ich habe was vorzuweisen. Vermarktbar auf allen Ebenen: Frau, Studentin, jung.

STEF Okay. Das bin ich auch. Ab jetzt bin ich auch Frau. Studentin, jung und jetzt lass mich auch mal fahren.

GOSCHA Finger weg!

Goscha versucht von Stef ›wegzurudern‹, er hindert sie, der Einkaufswagen kippt um. Beide unter ihm wie in einem Zelt.

GOSCHA Ich habe das Zeug gefunden.

STEF Welches Zeug?

GOSCHA Warum hast du mir nicht gesagt, dass es jetzt los geht?

STEF Für dich geht nichts los.

GOSCHA Warum habe ich nichts damit zu tun?

STEF Willst du mitmachen oder wie?

GOSCHA Ja.

STEF Nein.

GOSCHA Bin ich nicht gut genug?

STEF Du bist zu gut dafür.

GOSCHA Leck mich.

STEF Was willst du machen? Du weißt doch gar nicht, was ich tun will.

GOSCHA Ich kann eins und eins zusammenzählen.

STEF Und dabei kommt raus, dass du mitspielen willst.

GOSCHA Ich nehme das ernst. Im Gegensatz zu dir nehme ich mein Gegenüber ernst.

STEF Dann versteh: das ist jetzt nicht deins.

GOSCHA Warum nicht? Weil es nicht mein Land ist?

STEF Weil es gefährlich ist.

GOSCHA Du bist so ein Macker.

STEF Okay – Was würdest du damit machen? Wo würdest du hin? Einfach in die Menge damit gehen oder was?

GOSCHA Ich würde es an einen guten Ort bringen.

STEF Was ist ein guter Ort um eine Bombe zu legen?

GOSCHA Warum sagst du mir nicht, was du vor hast damit?

STEF Was willst du mit der Information?

GOSCHA Ich will mitmachen.

STEF Nein.

Schau mich an

LARISSA Sie haben Susanna gefunden.

GOSCHA Na endlich.

LARISSA Nein. Ich meine, sie haben sie gefunden. Ihren Körper.

GOSCHA Wo war sie denn die ganze Zeit? Hätte echt nicht gedacht, dass Su eine ist, die abhaut von Zuhause, aber, Mam, das ist so ein modisches Ding, nimm dir das nicht zu Herzen.

LARISSA –

GOSCHA Echt, Mam, du darfst ihr nicht böse sein. Das hat nichts mit dir zu tun. Hauptsache, die ist jetzt wieder da.

LARISSA –

GOSCHA Was schaust du so? Wieso schaust du mich so an?

LARISSA –

GOSCHA Ich geh kurz. In ihr Zimmer, okay? Ich würd gern kurz. Gucken. Also ich meine, ich kann auch ein bisschen aufräumen. Oder so. Darf ich kurz in ihr Zimmer?

After all: You're fireworks

GOSCHA Guten Tag meine sehr verehrten Damen und Herren. Ich weiß, ich störe, ich weiß.
Ich verkaufe nichts und bin auch nicht seit kurzem obdachlos. Ich fresse genau so viel wie Sie.
Ich glaube, ich bin weder vegan, noch vegetarisch. Nur Fleisch.
Ich heiße Goscha. Guten Tag.
Ich wollte sagen, ich bin froh, eine von uns zu sein. Ich habe es jetzt verstanden.
Das wollte ich sagen. Ich habe es jetzt verstanden.
Meine Mutter hat mir eine Geschichte erzählt:
Zwei Jungs unterhalten sich. Fragt der eine:
Wenn du mal groß bist, was ist dann dein größter Wunsch?
Eine Frau, die schön ist. Ich will eine schöne, kluge Frau, die die Welt regiert. Und deiner? Was ist dein größter Wunsch?
Die Welt selbst.

Alles wird ganz hell.

Was ist nur los mit euch

Larissa. Stef.

STEF Darf ich?
LARISSA Nein.

STEF Ich bin Stef.

LARISSA Ich weiß, wer du bist.

STEF Es. Tut mir leid.

LARISSA Nein.

Du darfst nicht. Du darfst nicht reinkommen.

STEF Entschuldigen Sie.

Er will gehen, tut er aber nicht.

LARISSA Was willst du.

STEF Ich dachte. Ich könnte. Wir könnten. Ein paar Dinge klarstellen.

LARISSA Dinge klarstellen. Sagt man das so.

STEF Es tut mir leid. Ich will mit Ihnen über Ihre Tochter sprechen. Darf ich?

LARISSA Über welche von den zwei?

STEF –

LARISSA Du bist also Stef.

STEF Ja.

LARISSA Hast du eine Mutter?

STEF Ja.

LARISSA Besuchst du sie oft?

STEF Ich weiß nicht, wo sie ist.

LARISSA Und dein Vater?

STEF Ist bei ihr. Wahrscheinlich.

LARISSA Bruder? Schwester?

STEF Ich wollte mit Ihnen über Goscha reden.

LARISSA Wie alt bist du, Junge?

STEF Bitte. Kann ich mit Ihnen sprechen.

LARISSA Ein Junge, der kommt, um zu sagen, ich habe ihre Tochter geliebt. Kommst du deswegen?

STEF Ich dachte, ich könnte Ihnen erzählen –

LARISSA Was willst du mir von meiner Tochter erzählen?

STEF Sie ist es nicht gewesen.

LARISSA Ich verstehe nicht.

STEF Es war ich.

LARISSA Du bist am Leben.

STEF Sie sollte das nicht, das war nicht –

LARISSA Was war es?

STEF Es war ein Kurzschluss.

LARISSA Ich verstehe nicht.

STEF Ich auch nicht.

LARISSA Was willst du hören?

STEF Wie es Ihnen geht.

LARISSA Gut. Sehr gut. Mir geht es sehr gut.

STEF Ich wollte Ihnen sagen, es stimmt nicht, was die Zeitungen schreiben. Über Goscha.

LARISSA Natürlich nicht.

STEF Es ist kompliziert zu erklären.

LARISSA Kannst du mir etwas erzählen, das stimmt?

STEF Nein.

LARISSA Und was stimmt nicht?

STEF –

LARISSA Hast du dich bei der Polizei gemeldet?

STEF Mich stellen, meinen Sie?

LARISSA Ich meine, bist du zur Polizei gegangen oder findest du es richtig, hier bei mir zu sitzen?

Stef will gehen.

LARISSA Ich habe mich schon lange gefragt, wann

sie einen netten jungen deutschen Mann mit nach Hause bringt.

STEF Was soll ich denn bei der Polizei?

LARISSA Das musst du mir sagen.

STEF Das bringt sie nicht zurück.

LARISSA Dann geh und such deine Mutter und erzähl ihr das. Deiner eigenen Mutter.

STEF Ich bin nicht hergekommen, damit Sie mir helfen.

LARISSA Nein. Du bist hergekommen, damit du dir selber hilfst, aber ich glaube, da bist du hier ganz falsch.

STEF Ich dachte, ich könnte Ihnen erzählen, was Ihre Tochter vorhatte. Was sie bewegt hat. Was schief gelaufen ist. Ich wollte sagen. Sie ist keine Mörderin.

LARISSA ICH WEISS, DASS MEINE TOCHTER KEINE MÖRDERIN IST WAS NIMMST DU DIR RAUS WAS GLAUBST DU WER DU BIST.

STEF Ich dachte –

LARISSA Geh nach Hause, Junge. Geh nach Hause.

STEF –

LARISSA Was ist nur los mit euch?

STEF –

LARISSA Was ist nur los mit euch?

Kleine

Goscha. Die virtuelle Su.

GOSCHA Hey, Große!
SU Hi.
GOSCHA Hi.
SU Hi.
GOSCHA Wie gehts?
SU Ja.
GOSCHA Mir auch.
SU Hi.
GOSCHA Hübsch bist du.
SU Hihi.
GOSCHA Ist das neu? Ist das neu, was du da anhast, ist hübsch.
SU Ja.
GOSCHA Su. Geht es dir gut? Dort?
SU Ja.
GOSCHA Su?
Entschuldige.
–
Behandeln sie dich gut?
–
Ist alles gut bei dir?
SU Ja. Hihi.
GOSCHA Schön. Das. Wird Mama freuen. Total. Eigentlich. Ich sag ihr das, ja? Ich richte es ihr aus.
SU Ja.
GOSCHA Und was –
Was machst du den ganzen Tag dort? Was macht man so?

SU Ja.

GOSCHA Su.
Kommst du –
Magst du mal wiederkommen? Mal vorbeikommen, meine ich, besuchst du mich mal?
Su?

SU Ja.

GOSCHA Ich vermisse dich.

SU Hihi.

GOSCHA Ich muss jetzt Schluss machen, okay? Ich muss raus. Gehen.

SU Hihi.

GOSCHA Ich geh dann mal. Su.

MARIANNA SALZMANN
studierte Literatur/Theater/Medien an der Universität Hildesheim und Szenisches Schreiben an der Universität der Künste Berlin. Sie ist die Mit-Herausgeberin des Kultur- und Gesellschaftsmagazins *freitext*. Seit 2013 ist sie die Hausautorin des Maxim Gorki Theaters Berlin und Leiterin von dessen Studiobühne Studio Я.

Theaterstücke im Verlag der Autoren: *Weißbrotmusik*. UA: bat-Studiotheater, Berlin, 25.9.2010. R: Nick Hartnagel. *Satt*. UA: Bayerisches Staatsschauspiel, München, 6.3.2011. R: Stefanie Bauerochse. *Beg your pardon*. UA: Ballhaus Naunynstraße, Berlin, 25.4.2012. R: Hakan Savas Mican. *Muttermale Fenster blau*. UA: Badisches Staatstheater Karlsruhe/Ruhrfestspiele Recklinghausen, 20.5.2012. R: Carina Riedl. *Muttersprache Mameloschn*. UA: Deutsches Theater Berlin, 9.9.2012. R: Brit Bartkoviak. *Fahrräder könnten eine Rolle spielen* (zusammen mit Deniz Utlu). UA: Ballhaus Naunynstraße, Berlin, 23.11.2012. R: Lukas Langhoff. *Schwimmen lernen*. UA: Heidelberger Theater, 1.3.2013. R: Paul-Georg Dittrich. *Kasimir und Karoline* (*frei nach Horváth*). UA: Düsseldorfer Schauspielhaus, Düsseldorf, 18.05.2013. R: Nurkan Erpulat. *Hurenkinder Schusterjungen (Mein Kopf ist ein offener Koffer aus dem Gott Vater Staat herausfällt aber nicht zerbricht weil er so zäh ist wie Gummi)*. UA: Nationaltheater Mannheim, 5.1.2014. R: Tarik Goetzke. *Wir Zöpfe*. UA: Maxim Gorki Theater Berlin, 13.12.2014. R: Babett Grube.

Auszeichnungen:
2009: exil-DramatikerInnenpreis der Wiener Wortstätten für *Weißbrotmusik*
2012: Kleist-Förderpreis für junge Dramatiker für *Muttermale Fenster Blau*, Stipendium der Kulturakademie Tarabya (Türkei) sowie IKARUS 2012 für *Weißbrotmusik*
2013: Publikumspreis der Mülheimer Theatertage für *Muttersprache Mameloschn*